Marlene Jedro

Ampel-Geschichten

Texte:	Marlene Jedro
Illustrationen:	Meinhard Bärmich
Satz & Layout:	KulTourDienste Radochla
Druck:	Books on Demand

radochla verlag 2021
ISBN: 978-3-938555-70-5

Marlene Jedro

Ampel-Geschichten

Geschichten und Gedichte gegen die Langeweile

Inhalt

Vorwort

In diesem Büchlein erleben die kleinen und großen Leser, wie man die Langeweile besiegen kann.
Marica, ein Mädchen wie viele andere auch, muss bei der Fahrt vom Elternhaus bis zur Schule täglich an vielen Ampeln vorbei.
Oftmals treffen ihre Mutti und sie auf die „Rote Welle“. Stehen und wieder stehen, Langeweile ist angesagt. Da kommt Mutti auf eine tolle Idee.
Sie erzählt ihr „Ampel-Geschichten“.

Mein Dank geht an die Lausitzer Rundschau, die mit auf den Kinderseiten einen Vorabdruck ermöglichte. Ebenso danke ich Marion Dahlke für ihre Zuarbeit, Meinhard Bärmich für die tollen Illustrationen und dem Radochla Verlag für die Unterstützung.

Marlene Jedro

Eine super Idee

So schnell war Marica noch nie fertig. Bloß gut. Sie hatte heute nur drei Stunden Unterricht. Im Hort wusste Frau Singer die Kinder mit Bastelarbeiten zu fesseln. Heute allerdings hatte sie das Gefühl, als hätte ihre sonst aufmerksamste Schülerin Hummeln im Hintern.

„Marica, was ist denn heute los? Du bastelst doch sonst so gerne. Du hast keine fünf Minuten am Stück gesessen!"

Marica erschrak. Es war ihr so gar nicht bewusst, aber irgendwie war sie so hibbelig vor Erwartung und Neugierde auf die Heimfahrt. Was hatte Mutti wohl für eine neue Geschichte?

Marica entschloss sich, Frau Singer einzuweihen und erzählte vom Vorhaben ihrer Mutter, die Wartezeiten an der Ampel mit Geschichten zu verkürzen. Das sollte heute losgehen.

Frau Singer lachte: „Super, das ist ja eine tolle Idee von deiner Mutti. Vielleicht kann sie mit den Geschichten auch mal in den Hort kommen? Ein Vorlesenachmittag mit Ampel-Geschichten! Wäre das nicht toll?"

Die Kinder hatten das Gespräch aufmerksam verfolgt und jubelten gleich los: „Ja! Ja! Prima! Das wäre toll!" Damit war die Sache erst einmal erledigt und in der Bastelgruppe kehrte wieder Ruhe ein.

Marica aber grübelte. Woher nahm Mutti denn die Geschichten? Während der Arbeit hatte sie keine Zeit und abends? Mitbekommen hatte das Marica nicht. Aber na ja, wenn Mutti etwas versprach, hielt sie das auch. Und der Vorlesenachmittag im Hort? – Mal sehen, was Mutti dazu sagen würde.

Nun war der Nachmittag im Hort doch schneller herum als gedacht. Rasch Sachen einpacken und raus! Mutti wartete schon und winkte: „Hallo, hier bin ich." Marica lief in Muttis Arme und drückte sie kräftig. „Hast du, hast du ..." Vor lauter Eifer konnte sie kaum reden.

„Langsam, langsam", versuchte Mutti sie zu beruhigen. „Ja, ich habe, ich habe eine tolle Geschichte. Aber erst einmal anschnallen und dann geht 's los".

Noch ehe Mutti beginnen konnte, erzählte Marica ihr vom Gespräch mit Frau Singer. „Hab ich es mir doch gedacht", lachte Mutti laut und herzlich. „Meine kleine Quasselstrippe! Aber was den Vorlesenachmittag betrifft, da lasse ich dich natürlich nicht hängen!" Marica gab ihr einen Schmatz. „Danke, danke. Ich wusste, du bist die Beste!"

Da näherten sich die beiden schon der ersten Ampel. Bereits von Weitem sahen sie die grüne Phase. Sie würden also bei Ankunft „Rot" sehen. Heute strahlte Marica. Wegen mir – mich stört es nicht mehr.

Mutti räusperte sich etwas, verstellte ihre Stimme und sprach wie eine Ansagerin im Radio: „Hallo und guten Tag. Ich bin die Ampel-Geschichten-Erzählerin. Die Wartezeit bei „Rot" wird somit verkürzt und meine Zuhörerin achtet bitte genau auf den Inhalt, damit sie die Geschichte am Abend dem Vati erzählen kann."

Marica zuckte etwas zusammen. Was hatte Mutti gesagt, Vati erzählen? So hatten sie nicht gewettet! Es sollte doch ihr Geheimnis bleiben.

„Och nee, Mutti, das möchte ich nicht. Ich bin immer so müde", schmollte Marica etwas leise.

Mutti schmunzelte: „Das war nur ein Test, ob du mir zuhörst. Jeden Abend musst du es nicht, aber eventuell am Wochenende. Aber eine Bitte habe ich: Du schreibst die Titel der Geschichten auf. Vielleicht machen wir später ein Büchlein daraus“.

„Super, na klar, da habe ich gleich etwas für den Deutschunterricht getan“. Ehe sich die beiden versahen, war die Ampel schon wieder grün. Beide lachten herzlich. „Na, wir beide sind ja gut. Lass uns bei der nächsten Ampel beginnen.“

Während der Fahrt bis zur nächsten Ampel lichteten sich die Wolken und die Sonne kam heraus. Sie blendete so, als wollte sie den beiden im Auto sagen, viel zu schade nach Hause zu fahren. Raus mit Euch ins Grüne!

Als hätte Mutti die Sonnenstrahlen verstanden, blinkte sie rechts und ordnete sich ein. Marica rief erstaunt: „Wo willst du denn hin? Fahren wir nicht nach Hause?“

„Nein“, antwortete Mutti strahlend. „Es ist so herrlich, wir fahren raus aufs Land zur Oma!“

Das war eine Überraschung. Zur Oma, da waren sie schon zwei Wochen nicht mehr. Das Wetter war damals scheußlich gewesen. Mutti wollte nur noch schnell nach Hause. Nun ging es also wieder dort hin.

Maricas Oma war die Mutter von Mutti und wohnte auf dem Dorf. So richtig mit einem Garten, Kaninchen und ein paar Hühnern. Das beste aber war Lissi, die kleine Dackeldame. Marica hatte einen Narren an ihr gefressen.

Kaum waren sie am Haus angekommen, kam Lissi schon bellend und Schwanz wedelnd um die Ecke. Sie erkannte das Auto und auch Mutti und Marica.

Lissi lebte schon viele Jahre auf dem Hof und gehöre dazu wie das Salz in die Suppe, sagte Oma immer. Wenn

Lissi einmal nicht zu sehen und zu hören war, wurde Oma schon unruhig und begann sie zu suchen.

Nun war die Freude groß, als Lissi mit Marica und Mutti ins Haus kam. Es duftet nach frischem Kuchen. „Oma, Oma hast du gewusst, dass wir kommen? Du hast ja gebacken! Auch noch meinen Lieblingskuchen!"

Marica wusch sich schnell die Hände und nahm ein Stück von Omas „Kinderkuchen". Ja, Kinderkuchen. Oma wurde immer zur Bäckerin, wenn im Dorf eine Veranstaltung für und mit Kindern stattfand. Dann spendierte sie ihren Kinderkuchen. Morgen wollten sie im Kindergarten ein Frühlingsfest feiern. Dafür hatte Oma also gebacken.

„Na ja," sagte sie schmunzelnd, „zwei Stückchen dürfen ausnahmsweise mal fehlen." Marica freute sich und ließ es sich nun erst recht schmecken. Auch sie war schon öfter in den Genuss des Gebäcks gekommen, als sie noch hier in den Kindergarten ging. Jetzt, da sie in der Stadt zur Schule musste, hatte sie ihn schon vermisst.

Aber vielleicht ... Schon dachte sie laut: „Weißt du Oma, eigentlich könntest du mir doch für meine Hortgruppe zu meinem Geburtstag auch so einen Kuchen backen!" Oma zögerte nicht lange. „Warum nicht? Mutti kann ihn dann abholen."

„Supi, supi", hüpfte Marica vor Freude. „Mutti, hast du gehört, Oma bäckt für mich einen Kinderkuchen!" Mutti hatte es gehört und musste wieder über die Spontanität ihrer Tochter lächeln. Genauso war sie damals als Kind auch gewesen. Manchmal, zum Leidwesen ihrer Mutter, die ihre Ideen oftmals ausbaden musste. Mal war es ein versprochener Kuchen, mal eine Radtour. Irgend etwas hatte sie immer vorzuschlagen.

„Mutti, hallo, träumst du? Wir müssen nach Hause. Papa wartet!“

Da war Mutti tatsächlich ins Träumen gekommen und ein wenig Wehmut machte sich in ihrem Herzen breit als sie vom Hof fuhren. Heute merkte sie wieder einmal besonders, dass sie eigentlich keine „Stadtpflanze“ war. Aber noch ist nicht aller Tage Abend. Vielleicht, ja vielleicht ...

„Mutti, es ist rot! Du bist dran. Ich warte auf meine erste Geschichte.“

Mutti konzentrierte sich und erzählte die erste Ampel-Geschichte. Marica hörte gut zu, denn sie wollte sie zu Hause dem Papa nacherzählen.

Da Mutti nur an der Rot-Ampel erzählte, musste Marica gut aufpassen, dass sie auch immer den Anschluss im Kopf behielt. Gedächtnistraining nannte es Mutti. Na ja, typisch Erwachsene, dachte Marica.

Als der Sommer krank wurde

Es war einmal eine Familie, die hieß Jahreszeiten. Das waren die Mutter und ihre Kinder, der Frühling, der Sommer, der Herbst und der Winter. Sie lebten einträchtig zusammen. Alle Menschen wussten, dass sie die vier Geschwister so nehmen konnten, wie sie im Kalender heißen. Eines Tages aber kam es anders.

Die Mutter saß an einem großen Tisch und beriet mit ihren Kindern, was im folgenden Jahr zu tun wäre. Der Frühling nickte, denn er wusste, dass er seinen großen Bruder, den Winter, ablösen musste. Der war der Älteste der Brüder und ließ keine Widerrede zu. Am liebsten würde er noch im März tüchtig arbeiten, aber seine Kräfte schwanden bald. Der kleine Bruder Frühling, ein Hansdampf, wartete schon unruhig.

Mutter nickte zufrieden, denn der nächste Sohn, der Sommer, machte ihr ab und an etwas Sorgen. Er strotzte nur so vor Kräften und funkte dem Frühling gern dazwischen. Im April und Mai fing er an, den Frühling zu ärgern und wärmte die Erde so sehr, dass im Mai schon alles blühte.

Die Menschen freuten sich zwar darüber, aber die Mutter schaute doch sehr ernst. Sie wusste, wenn der Mai zu warm war, konnte die Ernte sehr enttäuschend ausfallen. „Ist der Mai kühl und nass füllt ’s dem Bauern Scheun’ und Fass“, wussten die Leute aus alter Zeit schon zu berichten.

Am liebsten sah sie es, wenn der Sommer Mitte Juni, im Juli und im August seiner Arbeit nachging. Dann hatte auch der Herbst Zeit, sich allmählich an den Beginn seiner Aufgaben zu gewöhnen.

Er stellte die Farbtöpfe bereit, um dann in der Natur Blätter und Blumen zu bemalen. Vom „goldenen Herbst“ sprachen die Leute. Und wenn der Bruder Sommer noch ein paar Tage Lust und Freude hatte, gab es den „Altweibersommer“. Spinnenfäden tanzten wie das graue Haar der Großmutter durch Nebelschwaden und goldenes Licht verwandelte die Natur in einen Herbsttraum.

Ab und an erinnerten ein paar kalte Nächte und Hagelkörner daran, dass der Winter in den Startlöchern stand. Tüchtig hatte er die Eismaschine und die Schneewolken vorbereitet, um spätestens Ende November seine Arbeit zu beginnen.

So verlief in der Jahreszeiten-Familie alles normal, Jahr für Jahr, bis eines Tages Folgendes passierte:

Bruder Sommer wollte nicht mehr. Er fühlte sich krank und hatte keine Kraft mehr. Er wollte dem Älteren, dem Herbst, den Vorzug geben.

„Das ist unmöglich“, sagte die Mutter entsetzt. „Die Menschen warten auf dich, sie wollen baden, Urlaub machen und das Getreide soll reifen, das Gras zu Heu trocknen und und und ...“ Vor Entsetzen fielen ihr gar nicht alle Dinge ein, für die der Sommer verantwortlich war. Der jedoch ließ sich nicht überreden. Er war krank und hatte Fieber. Er konnte und er wollte nicht.

Die Sonne erschrak und verschwand hinter den Wolken. Sie wollte sich nicht anstecken. Auch die Wolken erschraken und es begann zu regnen. Heute, morgen und übermorgen.

Die Menschen auf der Erde wurden traurig, packten die Badesachen in den Schrank, holten dicke Pullover und Regenjacken hervor. Blumen und Gemüsepflanzen stöhnten. So viel Wasser war auch ihnen zu viel. Sie schüttelten und rüttelten sich, doch die Pfützen wurden größer und der Erdboden immer weicher.

Der Sommer wollte sich nicht erholen. Bruder Herbst wurde ganz ernst. Die Mutter verzweifelte fast. Wenn es jetzt schon so viel regnete und kühl war, was sollte dann später werden, wenn die Menschen auf den Herbst warteten?

Es half alles nichts, der Sommer musste aus dem Bett! Alle halfen ihm dabei und nach ein paar Tagen, die Sonne blinzelte neugierig hinter den Wolken hervor, ging es ihm schon etwas besser.

Ein paar Tage später konnte er schon wieder arbeiten und der Herbst versprach ihm, dass er im September und Oktober einige Schichten für ihn machen könnte – und darauf warten wir jetzt alle ...

Die kleine Schneeflocke

„Uh, uh, uh." Bitterlich schluchzte die kleine Schneeflocke und die Tränen kullerten. Wieder einmal hatte die große, mächtige Wolke Berta entschieden, dass die kleine Schneeflocke nicht zur Erde darf. Sie sei noch zu klein und würde wahrscheinlich nie dort unten ankommen. Das konnte Flöckchen gar nicht verstehen. Aber sie gehorchte und blieb bei den anderen vielen Flocken auf Wolke 7.

Eines Tages aber kam die große, mächtige Wolke Berta ins Schwitzen. So sehr, dass sie Angst haben musste, als Regen zur Erde zu fallen. Aber das durfte nicht sein.

Es war tiefer Winter, und die Menschenkinder warteten sehnsüchtig auf Schnee.

Im Himmel aber war ein Chaos ausgebrochen. So viele Schneeflocken waren gar nicht vorhanden. Berta also schwitzte. Ja, und da kam ihr der Gedanke, auch die kleinen Flocken von Wolke 7 zur Erde zu schicken.

Gedacht, getan. Das war eine Aufregung auf Wolke 7! Endlich ging es zur Erde. Damit erfüllte sich für Schneeflöckchen ein Traum. Es wollte auf der Erde doch einmal die Blumen und Wiesen, Sträucher und Bäume sehen, von denen die Regentropfen immer schwärmten.

Kleines, unwissendes Flöckchen. Es ahnte nicht, dass man auf der Erde Winterschlaf hielt und dass alles eigentlich mit einem weißen Schneekleid bedeckt war.

So flog Schneeflöckchen gemeinsam mit den Spielkameraden von Wolke 7 auf die Erde. „Juhu“, war das ein Spaß. Aber wie groß war bei Flöckchen die Enttäu-

schung, als es nur weißbedeckte Blumen, Sträucher, Wiesen und Bäume sah. „Es ist Winter und den machen wir“, erklärten ihm ein paar ganz kluge Flocken. Allmählich verlor Flöckchen seine Traurigkeit und genoss, wie sich Kinder am Schnee erfreuten. Schneemann bauen und rodeln waren angesagt.

Ein paar Tage lag Flöckchen auf der Erde, als ihm auf einmal merkwürdig warm wurde. Die Sonne schien, der Winter war vorbei. Die Sonnenstrahlen wärmten so, dass unser Flöckchen begann aufzutauen. Es wurde ein kleiner runder Wassertropfen.

Der aber war ganz schön neugierig und verschwand in der Erde. Dort entdeckte er eine kleine Zwiebel. Er setzte sich zu ihr, und siehe da, Zwiebelchen gefiel dies, es reckte und streckte sich und guckte eines Tages mit einem grünen Blatt aus der Erde.

Es war Frühling. In der Luft zwitscherte es, und Blumen, Sträucher, Wiesen und Bäume wurden grün. War das schön! Unser Schnee-Regenflöckchen kam aus dem Staunen nicht heraus. Es war nämlich auf dem Blatt von Zwiebelchen wieder auf der Erde gelandet. Da kitzelte ein Sonnenstrahl unser Tröpfchen an der Nase. Schwupps war es verdunstet, stieg hoch in den Himmel und landete – na klar, auf Wolke 7.

Das war ein Fest, als sich unsere Flöckchen von einst als Tröpfchen wieder trafen. Jetzt warteten sie auf den nächsten Winter und wenn die große, mächtige Berta es erlaubt, dürfen sie wieder auf die Erde.

Schneemanns Los

Wie war er doch so glücklich,
der dicke Mann aus Schnee.
Nun kamen die Sonn'strahlen
und taten ihm sehr weh.

Sie kitzelten die Nase,
den Kopf und auch den Bauch
und fanden dies sehr lustig,
der Schneemann zunächst auch.

Doch dann wart ihm sehr mulmig
am Kopf und auch am Bauch.
Der Schnee, er kam zum Schmelzen
vom Schneemann blieb der Hauch.

Der Schal, der Hut, die Kohle,
sie liegen einsam dort.
Die Möhre holt der Hase,
die Pfütze trocknet fort.

Maus und Möhre

Eine kleine Wintergeschichte

Es war einmal ein Schneemann,
der sah ganz traurig aus.
Ihm fehlt' die rote Nase,
die stahl 'ne kleine Maus.

Die Maus lief mit der Möhre
in ihren kleinen Bau.
Dort ließ sie diese liegen,
gab sich damit recht schlau.

Doch kam der graue Kater
und griff sich unsre Maus.
Nun liegt die rote Möhre
allein im Mäusehaus.

Das Frühjahr ist gekommen,
der Bauer gräbt das Feld
und findet unsre Möhre.
Der Acker wird bestellt.

Die Möhre aber lagert
im Keller ganz allein,
kann sich da so im Dunkeln
nun auf den Winter freun.

Der Winter ist gekommen,
es schneit, die Kinder schaun.
Sie möchten wie so oft schon
'nen schönen Schneemann baun.

Da lacht er nun der Schneemann,
sieht richtig glücklich aus.
Es steht ihm gut die Möhre,
die damals stahl die Maus.

Wie Kiki den Winter suchte

Kiki ist ein kleiner Maulwurf. Er hat ein schönes weiches Fell und wohnt unter der Erde. Sein Fell ist schwarz und wenn ab und an ein paar Sonnenstrahlen Kiki kitzeln, dann glänzt es wunderschön. Seine Augen sind winzig klein und im Fell versteckt. Sein Schnäuzchen sieht aus wie ein Rüssel.

Kiki kann seine Ohren verschließen, wenn er unter der Erde wühlt, aber er kann trotzdem gut hören, riechen und tasten. Muss er auch, wenn er mit seinen breiten Vorderbeinen unter der Erde einen Gang wühlt.

Winterschlaf hält Kiki nicht. Aber wenn es richtig kalt und frostig wird, macht er es sich weiter unten im Erdboden gemütlich. Obwohl Kiki noch klein ist, weiß er ganz genau, dass man im Winter in der gefrorenen Erde nichts unternehmen kann, keinen Hügel buddeln oder mal rausschauen.

In diesem Jahr aber war alles ganz anders.

Obwohl Kiki mit seinen guten Ohren hörte, wie die Menschen Laub harkten, Kastanien sammelten und die Felder winterfest machten, stellte sich keine Ruhe ein. Eigentlich müsste Kiki jetzt ganz unten in seiner Wohnung liegen, aber irgendwie buddelte sich die Erde so leicht wie im Frühling.

Hatte er etwa doch den Winter verschlafen? Da hörte er, wie die Krokusse und Schneeglöckchen stöhnten: „Kommen wir denn gar nicht zur Ruhe? Es ist so warm, dass wir die Köpfchen schon mal rausstrecken möchten." Kiki kam aus dem Staunen nicht heraus.

Neugierig steckte er den Kopf aus seinem Erdhügel. Das konnte doch nicht wahr sein! Das Gras war schon grün, die Kraniche schrien und eine Primel reckte und streckte sich. „Viel zu zeitig, viel zu zeitig“, stöhnte auch sie.

Wo war der Winter geblieben? Die Natur war total durcheinander. Wer jetzt eigentlich tief und fest schlafen sollte, wurde langsam schon wieder wach. So konnte es nicht bleiben.

Kiki nahm sich vor, den Winter zu suchen. Aber wo? Kiki überlegte, wo er anfangen könnte. Er fragte die Primel, die schüttelte vorsichtig ihr Blütenköpfchen. Da flog tatsächlich ein Marienkäfer heran. „Hallo, weißt du, wo der Winter wohnt?“ – „Hinter den Bergen, ganz hoch, irgendwo im Himmel. Frage doch die Wolke Berta“, antwortete der Marienkäfer. Er taumelte ganz komisch durch die Luft, als er weiterflog.

Kiki hatte Glück. Am Himmel schoben sich die Wolken zusammen und Berta war auch dabei. „Hallo Berta, ich bin Kiki der Maulwurf. Ich bin auf der Suche nach dem Winter. Kannst du mir weiterhelfen?“

Berta prustete los und musste aufpassen, dass sie dabei nicht platzte. Es sollte doch nicht schon wieder regnen. „Hör bloß auf mit dem Winter. Eigentlich müssten wir alle dick voll Schnee sein. Die Kinder wollen rodeln und den Schneemann bauen. Aber was ist? Nur Wasser, nur Wasser. Es fehlt der Frost!“

Kiki hörte aufmerksam zu. Also, so war das! „Was ist mit dem Frost?“ Die Frage konnte er sich nicht verkneifen. Berta platzte wirklich gleich, aber sie wollte Kiki nicht enttäuschen. „Der Frost, er sitzt auf den höchsten Bergen, zittert am ganzen Leib und will nicht mit dem Winter zusammenarbeiten. Der kann aber ohne den Frost gar nichts machen. Warm und nass kommt er daher.“

Nun wusste Kiki, der kleine Maulwurf, warum der Winter keinen Schnee mitgebracht hatte. Der Frost wollte nicht mithelfen. Ja, da kann man nichts machen. Traurig beendete Kiki seine Suche nach dem Winter. Ein paar Regentropfen sorgten dafür, dass niemand sah, wie Kiki Tränen in den Augen hatte.

Er träumte nun davon, dass es bald Winter werden würde. Vielleicht auch nur, weil Väterchen Frost Mitleid mit ihm, dem kleinen Maulwurf, haben würde.

Maulwurf Paul und der Frühling

Maulwurf Paul fasst sich ein Herz
„Ist es wirklich denn schon März?“
Schaut erschreckt, ihm wird ganz heiß,
„es ist ja noch alles weiß!“

Hügel hier, Hügel dort,
wühlt er sich von Ort zu Ort.
Neckt die Zwiebeln, die auch warten,
wollen in den Frühling starten.

Bibbern, stöhnen, brauchen Söckchen,
mutig sind die weißen Glöckchen.
Auch der Kranich und der Star
machen es doch allen klar:

Schläft der Frühling auch noch fest,
baut der Piepmatz doch sein Nest,
und die Sonne, kommt sie 'raus,
bläst dem Winter den Garaus.

Ostern bei Oma

Mia ist schlecht gelaunt. Was denkt sich Mama nur! Sie, das elfjährige Mädchen soll wieder einmal Ostern zur Oma fahren. Wie schon als Baby. Zu Oma zu Besuch ist ja okay, aber Ostereier suchen? Mia weiß nicht, ob sie weinen oder lachen soll. In ihrem Alter noch Ostereier suchen!

Jedes Jahr zu Ostern dasselbe: Eier von Omas Hühner holen. Farbe kaufen. Eier kochen und färben. Ein Zeitaufwand, für den sie viel lieber ein Spiel auf ihrem Tablet spielen würde. Ihre Freundin Lara hat das schon richtig gut drauf.

Und nun diese Ankündigung. Am Karfreitag geht es zur Oma. Da hilft kein vorgetäuschtes Fieber und kein Bauchweh. Mutti kennt ihr Töchterchen, und so sitzt diese schon bald im Auto.

Bei Großmutter angekommen sah diese sofort an Mias Gesichtsausdruck, was los war. Also wieder wie jedes Jahr. Aber dich bekomme ich schon noch zum Lächeln. Dachte es und sagte laut, dass sie für Samstag Vormittag eine Überraschung vorbereitet habe. Eine Überraschung von Oma vorbereitet? Eine gewisse Skepsis konnte Mia nicht verbergen, war aber heimlich schon sehr neugierig.

Am Samstagmorgen drückte Oma Paula der vor Spannung fast platzenden Mia ein Fahrrad in die Hand. Radfahren. Gerade wollte Mia wieder murren, aber die Überraschung wartete. Die beiden traten tüchtig in die Pedalen. Schließlich wollten sie pünktlich sein.

Endlich waren sie angekommen. Mia staunte nicht schlecht, als sie mit Oma den Saal betrat. Wow, was war das denn? In großen Buchstaben stand auf einem Plakat „Herzlich willkommen zur Osterwerkstatt". Eine Werkstatt zum Osterfest? Das müsste sie Lara sofort über ihr Handy simsen.

„Hallo Mia, komm, sonst ist dein Stuhl besetzt!", mahnte Oma. Mia kam aus dem Staunen nicht heraus. Sie sollte – was?

„Ja, komm nur", sagte eine nette Frau. Sie trug ihre schöne wendische Tracht und hatte schon alles für die Gruppe vorbereitet. Auf dem Tisch standen Körbe mit rohen, bereits verzierten Eiern. Dazu Ständer mit Löffeln und viele kleine Stifte mit daran befestigten Nadeln und in Form geschnittenen Federn.

Frau Murask, die Frau in der hübschen Tracht, erklärte nun den Kindern den Werdegang vom rohen bis zum verzierten Ei als Straußschmuck oder als Patengeschenk. Mia war ein ungeduldiges Mädchen, aber das interessierte sie doch sehr. Aufmerksam schaute sie Frau Murask zu.

„Vorsicht, Vorsicht! Nicht zu sehr drücken. Denkt daran, die Eier sind roh!" Patsch, da war es schon passiert. Mias Nachbarin lief der Inhalt des Eis über die Finger. Ih, ih! Mia wurde noch vorsichtiger. Sorgfältig machte sie die vorgegebenen Schritte nach. Den Stift mit dem Nadelkopf in das heiße Wachs tauchen und dann sofort aufs Ei tupfen. Ist das Muster fertig, kommt es in die nächste Farbe.

Oma Paula staunte nicht schlecht. Das hätte sie Mia, ihrem kleinen Wirbelwind gar nicht zugetraut. Auch Frau Murask wollte nicht glauben, dass diese kleine Künstlerin zum ersten Mal dabei ist. War Mia stolz! Das Auspusten übernahm Oma. Ein kleines, quirlartiges

Gerät zerrührt Eigelb und Eiweiß. Dadurch flutschte es besser heraus.

„Oma, Oma, danke, liebe Omili. Du bist die Beste!“ Im kommenden Jahr komme ich wieder, strahlte sie Frau Murask an. Das nächste Kind wartete schon auf Mias Stuhl. Oma Paula nahm Mia in den Arm und schmunzelte. „Wir fahren also zum nächsten Osterfest wieder hier her? So, so ...“

„Kartoffel-Häschen“

Die kleine Knolle namens Has,
die macht sich einen Riesenspaß,
versteckt sich kurz in einem Nest,
denn bald ist ja das Osterfest.
Und hat man sie dann dort gefunden,
ist sie so eins, zwei, drei
im Kochtopf schnell verschwunden.

Unter der Weide saß ein Kätzchen
und putzte sich sehr fein die Tätzchen,
da kam jemand zur Weide und sagte voller Freude:
„Na du da mit dem Lätzchen,
bist du ein Weidenkätzchen?“

Ein Glöckchen fiel mal in den Schnee.
Es fiel so weich, das tat nicht weh.
So fiel kein Tränentröpfchen.
Es lachte nur,
das Schnee-Glöckchen.

Hase Putzi und die Regentrude

Ich bin Putzi, der kleinste Hase im Osterhasenhaus. Ich muss euch erzählen, was in diesem Jahr passiert ist. Ihr hattet bestimmt auch schon einmal eine Erkältung. Und ihr habt euch furchtbar geärgert, wenn ihr euch dazu noch auf etwas Besonderes gefreut hattet und alles schief ging.

So erging es uns im Osterhasenhaus. Alle schnieften, schnaubten und hatten Tränen in den Augen. Was sollte das nur werden? Ostern stand bevor und damit viel Arbeit. Ich ging vor die Tür und sah nur dunkle Wolken, die Regen brachten. Was war bloß mit der Regentrude los? Hatte sie sich geärgert? Überall standen Pfützen. Der Wind wehte so stark, dass die Schneeglöckchen so laut läuteten, dass kein Hase schlafen konnte.

Alle froren und das Schlimmste war, dass die Hühner keine Eier legen wollten. Buh, auch ihr Federkleid wärmte nicht richtig und sie streikten. Es half kein Zureden. Sie schüttelten sich und legten einfach keine Eier. Guter Rat war teuer.

„Hatschi, hatschi“, polterte es da am Fenster. Erschrocken sahen die Hasen auf und entdeckten den Plon. Mit seinem Kopf, der einem Hahn ähnelte, meinte er, die Hühner überzeugen zu können. Aber auch er schaffte es nicht. Kalt, kalt, kalt.

Da kam den Osterhasen eine Idee: „Plon, du könntest doch zur Mittagsfrau fliegen und ihr von unserem Kummer erzählen. Sie hat immer eine Truhe voller Sonnenstrahlen aufbewahrt und versteht sich mit der

Regentrude sehr gut. Die zaubert mit der Frau Sonne wunderschöne Regenbögen und vielleicht hat die Mittagsfrau Glück. Der Plon flog zur Mittagsfrau. Sie war nicht gerade erfreut, als er sie störte. Denn sie war ja erst im Sommer mit der Arbeit dran. Dennoch hörte sie sich die Geschichte an und bekam Mitleid. Sie schloss ihre Schatztruhe mit den Sonnenstrahlen auf und schickte sie zur Regentrude.

Ein wunderschöner Regenbogen entstand. Die Wolken freuten sich und begannen zu tanzen. Der Wind wehte im Takt dazu und trocknete die Erde. Das Gras erstrahlte wieder in saftigem Grün. Die Hühner liefen auf die Wiese und badeten sich im Sand. Es wurde immer wärmer und wärmer. Die Osterhasen wurden gesund und es begann ein Trubel im Haus, denn die Zeit eilte.

Die Regentrude und die Sonnenstrahlen gaben einige Farben vom Regenbogen in die Farbtöpfe, sodass die Eier noch schöner werden konnten. Die Hühner legten fleißig Eier und dieses oder jenes Huhn durfte auf dem Nest sitzen bleiben, denn sie brüteten kleine Küken aus. Ostern war gerettet.

Wenn ihr die Eier suchen geht und vielleicht sogar von der Großmutter das Waleien erklärt bekommt, dann denkt an den kleinen Hasen Putzi und die Ostergeschichte, die er erlebt hat.

Pfingsten im Lutkiland

Rumps, plumps, aua, oh je! „Was ist denn das?" Erschrocken lief Lu, der Oberste der Lutki aus seinem Erdhügel. Das hörte sich ja beunruhigend an. Da sah er auch schon das Malheur. Der kleine Plon Paul, ein Drache, rieb sich schmerzhaft seinen Hahnenkamm. Die Tränen kullerten und schluchzend erzählte er von seinem Unfall: „Ich fliege immer dieselbe Strecke, wenn ich zu euch möchte, und heute stand mir eine lange Stange im Weg. Ein Kranz, grün umflochten und mit bunten Bändern dran. Habe ich nicht gleich gesehen."

Von diesem tränenreichen Bericht neugierig geworden liefen die anderen Lutki herbei. Der kleinste, Leo, rief ganz erschrocken: „Du hast den Maibaum übersehen!" – „Den Mai-, Maibaum? Was ist denn das?"

Jetzt meldete sich Lu, der Oberste, wieder zu Wort. „Kommt mal alle her und setzt euch zu mir. Ich erzähle euch eine Geschichte. Du, Leo, holst einmal ein in kaltes Wasser getauchtes Tuch und kühlst dem Plon Paul seine Beule."

Schnell saßen die Lutki auf ihren Plätzen und warteten gespannt auf die Geschichte. Lu, ihr Oberster, holte tief Luft und erzählte vom Ersten Mai, an dem die Menschenkinder den Frühling feierten, weil alles wieder grün wurde und die Natur erwachte. Die Burschen fällten eine junge Birke und die Mädchen flochten einen Kranz. Bunte Bänder schmückten die Äste und alles wurde an einem langen Baumstamm befestigt. Jetzt wurde er bewacht, damit ihn niemand aus den Nachbardörfern absägt und versteckt. Das wäre eine großen Blamage und am Ersten Mai gäbe es ein großes Gelächter.

Die Lutki nickten verständnisvoll und Plon Paul sah langsam seinen Zusammenprall etwas anders. Da meldete sich Luca aus der Lutkifamilie zu Wort: „Ich weiß auch, dass das Grün der Birken dann zum Schmücken genommen wird."

„Zum Schmücken?" Ein Raunen ging durch die Reihe. „Ja, zum Schmücken. Pfingsten, das weiß ich ganz genau!" - „Stimmt!", riefen die Lutki im Chor. „Das hätten wir fast vergessen.

Inzwischen hatte der Oberste der Lutki nachgedacht: „Also, Plon Paul nimmt den kleinen Luca auf den Rücken und fliegt mit ihm, um zu schauen, wo wir Birkengrün her bekommen. Die anderen schneiden Bänder und flechten einige schön bunt zusammen.

Du, Leo, schreibst an unsere Freunde, die Irrlichter, die Regentrude und den Kobold eine Einladung zum Lutki-Pfingstfest. Die Mittagsfrau und die Kornmuhme halten noch Winterschlaf. Unsere Bäcker-Lutki bereiten den Teig für die Pfingstküchlein vor. Frau Sonne wird bestimmt ihre Strahlen schicken, sodass wir ein schönes Fest feiern können. So wie die Menschenkinder.

Manche Leute machen das heute noch. Die Birkenzweige werden ins Wasser gestellt und schmücken die Tore und Türen der Gehöfte. Für die Radtour werden die Räder geschmückt und selbst die Ochsen oder Pferde, die den Wagen ziehen, werden bunt geschmückt."

Die Lutki konnten sich das Lachen nicht verkneifen. Die Vorstellung, dass ein Ochse mit bunten Bändern herumlief war aber auch lustig. Jetzt bemerkten sie erst, dass der Kleinste fehlte. Nanu? Wo war der denn hingelaufen? Sie glaubten, ihren Augen nicht zu trauen. Mit bunten Bändern aus ihrer Schatzkiste hatte er sich be-

hangen. Das war zum Kugeln. Ein kleiner Pfingst-Lutk! Alle klatschten vor Freude und Lu, ihr Oberster, freute sich mit. Jetzt lachte auch Plon Paul wieder. Sein Hahnenkamm tat nicht mehr weh und am Wochenende würde er den Lutki helfen. Pfingsten im Lutki-Land, das gab es noch nie.

Liska und die Lutki

Alte Geschichten aus dem Spreewald, die heute neu erzählt werden

Es war einmal vor vielen, vielen Jahren, da lebte das Mädchen Liska mitten im Spreewald. Straßen kannte man hier nicht und auch die Brücken, hier Bänke genannt, waren noch nicht gebaut.

Liska lebte mit ihren Eltern auf einem kleinen Hügel. „Kaupe" sagen die Spreewälder. Die Familie ernährte sich vom Fischen und von der Landwirtschaft. Die Kleidung wurde selbst genäht. Den Flachs für das dafür notwendige Leinentuch bauten sie auf dem Feld an.

An langen Winterabenden erzählte Liskas Mutter viele Geschichten, auch die von der Mittagsfrau. Diese respektierten die Leute und fürchteten sich davor, ihr im Sommer zu begegnen. In der heißen Mittagsglut brachte sie jedem, den sie bei der Arbeit auf dem Feld oder der Wiese antraf, Unglück. Liska hörte interessiert zu, hatte die Geschichte aber auch bald wieder vergessen.

Der Frühling kam und dann der Sommer. Liska half schon tüchtig bei der Arbeit auf dem Feld mit. Sie war zwar noch klein, aber Unkraut jäten ging schon ganz gut. Mittags rief sie die Mutter zum Essen und achtete darauf, dass sie bei großer Hitze im Schatten blieb. Auch Liskas Mutter fürchtete die Mittagsfrau.

Eines Tages übermannte Liska jedoch die Neugier. Sollte es diese Frau wirklich geben? Sie überhörte die Worte der Mutter und schlich sich aus dem Haus. Ihr Lieblingsplatz war derzeit das Flachsfeld, denn dort machte es besonders Spaß, das Unkraut zu jäten. Bald war sie in ihre Arbeit vertieft und merkte gar nicht, wie heiß es wurde. Erst als sie tüchtig Durst bekam, sah sie, dass die Sonne besonders hoch stand. Plötzlich wurde es dunkel. Eine Gestalt stand vor ihr.

Liska erschrak, denn diese Frau flößte ihr Angst ein. Mit einem langen, weißen Kleid und einem Schleier, der Kopf und Gesicht verhüllte, wirkte sie wie ein Gespenst.

„Was tust du hier zur Mittagszeit?“, fragte sie mit drohender Stimme. „Hat man dir nicht erzählt, dass das nicht gut ist?“ Sie hob warnend einen Stock und Liska begann zu zittern.

„Ich will dich noch einmal verschonen, wenn du mir bis morgen Mittag zwei Spulen Flachs spinnst!“ So schnell wie sie gekommen war, verschwand die Gestalt auch wieder.

Liska fing an zu weinen. Wo sollte sie in so kurzer Zeit zwei Spulen Flachs herbekommen? Die Mutter hatte alles versponnen, und der frische Flachs wuchs doch noch auf dem Feld.

Da hörte sie ein leises Kichern: „Hi, hi, so geht es Kindern, die nicht hören können. Hi, hi!“ Liska drehte sich um und entdeckte in einem kleinen Erdloch zwei Zwerge. „Zwei Lutki, zwei Lutki!“, rief sie erfreut. Sie wusste aus den Märchen der Mutter, dass die Lutki viel Gutes für die Menschen tun. War das ihre Rettung?

Vorsichtig rutschte sie an die Lutki heran und erzählte ihnen, was ihr passiert war. „Haben wir gehört, haben wir gehört“, kicherte einer der Lutki. „Warum hörst du nicht auf deine Mutter? Selber Schuld, selber Schuld, hi, hi!“ Er tanzte um Liska herum, bis diese wieder bitterlich anfing zu weinen. Das tat ihm dann doch leid. „Gut“, sagte er, „da du sonst sehr fleißig bist, wollen

wir dir helfen. Unsere Freunde und wir werden für dich heute Nacht spinnen und morgen kannst du die Spulen der Mittagsfrau geben.“ Wie war Liska doch froh. „Danke, danke“, freute sie sich. „Ich will auch nie wieder so ungehorsam sein.“

Während die Lutki, husch, husch, verschwunden waren, ging Liska erleichtert nach Hause. Über ihre Begegnung sprach sie kein Wort. Am nächsten Tag, sie hatte kaum geschlafen, schlich Liska aus dem Haus. Sie rannte zum Erdloch und wartete gespannt auf die Lutki. Doch die ließen sie warten.

Die Sonne stieg immer höher und als sie ihren höchsten Stand hatte, blendeten ihre Strahlen Liskas Augen. Träumte sie oder war es Wirklichkeit? Wie Gold blitzte der Flachs auf den Spulen, und ein Lutk huschte wieder ins Loch zurück. Ehe sie sich bücken konnte, stand die Mittagsfrau vor ihr.

Mit ihrer tiefen, lauten Stimme sprach sie zu Liska nur wenige Worte, aber diese sollten das Mädchen in ihrem Leben fortan begleiten: „Lerne aus Fehlern, achte das Alter und schätze wahre Freunde!" Das verstand auch schon Liska.

Der traurige Plon

Es war einmal vor vielen, vielen Jahren im Land der Fließe, auch Spreewald genannt. Dort lebten eine Reihe sagenhafter Gestalten, die der Gegend einen mystischen und verzauberten Ruf verschafften. Von einer unter ihnen möchte ich heute erzählen.

Warum sich die Bewohner solche Wesen ausdachten? Die Menschen lebten mit der Natur. Sie beobachteten die Tiere, die Bäume, den Himmel und machten sich dazu ihre Gedanken. Damals gab es die vielen Geräte und Forscher noch nicht so, die wir heute kennen. So entstand auch die Sagengestalt des Drachen Plon.

Es war wieder einmal einer dieser grauen, nebeligen Tage im November. In den niedrigen Häusern mit den stroh- oder schilfgedeckten Dächern wurde geheizt. Langsam quälte sich der Rauch aus dem Schornstein, der in den bedeckten Himmel ragte.

Nasse, schwere Luft machte es ihm nicht leicht, und so drückte er sich mal lang, mal breit, mal fast rund und wider einmal spitz aus der Esse. Im Grau der Wolken verschmolz er zu einer Form, die manchmal Tieren ähnlich sah. Vorn nahm er den Kopf des Hahnes an und endete mit dem Schwanz einer Echse.

Die Bewohner erschraken. Was für eine Gestalt erhob sich dort in die Wolken? Ein Plon, ein Plon, raunte man sich zu. Die Angst war ihnen auf die Gesichter geschrieben. Ein Bursche unter ihnen war ein wenig mutiger als die anderen. Er machte sich auf den Weg und folgte diesem Plon.

Er entdeckte ihn auf dem Kirchturm sitzend wieder. „Hallo, du da oben. Wer bist du und was machst du hier?“ Erschrocken drehte der Plon seinen Kopf in die Richtung, aus der die Stimme kam. Wer redete da mit ihm? Die meisten Menschen hatten vor ihm Angst, und da unten stand ein junger Bursche, der ihn ansprach!

„Ich fliege durch den Schornstein zu den Menschen und wer mir einen Teller Hirsebrei hinstellt, der bekommt ein Goldstück. Leider bin ich aber so hässlich anzuschauen, dass die Menschen mich meiden.“

Während er dies erzählte, kullerten ihm dicke Tränen aus den Augen. „Ich bin der Gelddrache, der *pjenjezny plon*, aber wenn mich keiner mag und etwas spendet, muss ich mich abwenden.“

Interessiert hörte der Bursche zu. So war das also. Natürlich hatte er schon von diesem Wesen gehört, wenn sich die Erwachsenen unterhielten. Dass der Drache Plon eigentlich etwas Gutes tun wollte, hatte er nicht gewusst. „Hallo, du, ich habe deine Geschichte gehört und verstanden. Sei nicht mehr traurig. Ich werde mit den Bewohnern unseres Dorfes reden und ihnen erklären, warum du manchmal so böse aussiehst. Ich weiß, dass es Leute gibt, die gerne nehmen, aber ungern etwas abgeben. Darum verstehe ich auch, warum du so reagierst."

Noch ehe es sich der Bursche versah, verdunkelte sich der Himmel. Ein roter Blitz erhellte den Kirchturm und ein lautes Rauschen wurde hörbar. Was war das? Hatte er geträumt oder war es wirklich geschehen?

Als er sich von dem Schreck erholt hatte und gehen wollte, sah er etwas Glitzerndes auf der Erde liegen. Er hob es auf und hielt ein Goldstück in seinen Händen. Er hatte nicht geträumt. Der Plon war weggeflogen, nicht ohne ihn mit einem Goldstück zu belohnen.

Der Bursche hatte ihm zwar keinen Hirsebrei geschenkt, aber seine Aufmerksamkeit mit Worten, die dem kleinen Plon Mut machten. Ja, ja, dachte er, das alles zählt manchmal mehr als alles andere.

Warum Weihnachten beinahe ohne Schnee geblieben wäre

Mitten im Spreewald hatten sich auf einer kleinen Kaupe traditionell die Sagengestalten zusammengefunden, um das vergangene Jahr auszuwerten. Der Herbst gab seine Arbeit an Bruder Winter ab. So wäre alles beim Alten, wenn da nicht jemand in der Runde fehlen würde.

Die Lutki, der Wassermann, der Schlangenkönig, die Mittagsfrau und die Jahreszeiten saßen beieinander und warteten auf die Regentrude. Sie war besonders wichtig, denn sie arbeitete in allen Jahreszeiten und im Winter gemeinsam mit Väterchen Frost. Der aber stand ziemlich hilflos da. Was sollte nun werden? Ohne die Regentrude, deren Wassertropfen er zu Schneekristallen verwandelte, ging nichts. Weihnachten würde ohne Schnee auskommen müssen.

Da meldete sich einer der Lutki zu Wort. „Ich glaube, die Regentrude ist sehr, sehr traurig und braucht jetzt Ruhe. Sie war im Sommer und auch schon im Frühling so fleißig, dass die Menschenkinder bald etwas böse mit ihr waren."

„Ja, das ist richtig", stimmten Frühling und Sommer zu. „Die Fließe traten über die Ufer. Felder und Wiesen waren überschwemmt. Aber deshalb darf sie doch jetzt den Kindern nicht Weihnachten verderben!"

Über das, was sie da zu hören bekamen, waren alle ganz entsetzt. Weihnachten ohne Schnee? Wie sollten die Kinder dann den Rodelschlitten ausprobieren? Keine Skibretter anschnallen, keinen Schneemann bauen?

„Oje, oje", jammerte die Mittagsfrau. „Dann hocken sie vielleicht wieder nur in ihren Häusern und gucken Fernsehen oder Videos?" Welch eine Vorstellung! Sie hatte im Sommer diese Erfahrung gemacht. Bei großer Hitze sollten die Kinder im Schatten bleiben, aber doch nicht nur vor einem Bildschrirm!

Sie nahm sich vor, noch einmal selbst zur Regentrude zu gehen. Die anderen stimmten einmütig zu und wollten gemeinsam an die Regentrude ein Schreiben aufsetzen. Der Schlangenkönig nahm Papier und Stift und hörte sich an, was die Sagenfiguren zu sagen hatten:

„Liebe Regentrude, Deinen Kummer und Ärger können wir gut verstehen, aber du musst doch einsehen, dass ein Weihnachtsfest ohne Schnee kein richtiges Weihnachtsfest sein kann. Die Kinder haben Ferien und möchten einen Teil ihrer Geschenke ausprobieren. Bitte überlege es dir noch einmal."

Alle unterschrieben und die Mittagsfrau machte sich in Begleitung von zwei Lutki auf den Weg zur Regentrude. Die Lutki waren besonders aufgeregt, denn sie hatten den Wichteln versprochen, bei den Vorbereitungen zum Fest zu helfen.

Auf „Wolke 13" angekommen hörte man ihre Herzen so laut klopfen, dass die Regentrude schon von selbst die Tür öffnete.

„Was wollt ihr denn schon wieder?" Die Mittagsfrau überreichte das Bittschreiben und fasste es noch in Worte. „Papperlapapp, ich kann es nicht mehr hören. Lasst mich in Ruhe!", rief die Regentrude und schlug die Tür zu. Da fingen die Lutki laut zu weinen an. So bitterlich, dass sich ein kleines Fließ bildete, das so laut plätscherte, dass es damit die Regentrude herausforderte.

„Wer macht hier meine Arbeit?“ Was sie da sah, gefiel ihr gar nicht. So willigte sie nach längerer Überlegung ein und ging mit zum Treffen. Dort wurde sie mit großem Hallo empfangen. Alle waren überglücklich und schüttelten ihr die Hände.

Nun war die Regentrude überwältigt und schämte sich ein wenig wegen ihrer Verärgerung. Sie wollte es wieder gut machen und beriet sich mit Väterchen Frost, wann sie denn gemeinsam anfangen wollten.

„Sofort, sofort“, riefen die Lutki. „Wir müssen doch den Wichteln helfen und die Schlitten ausprobieren!“ Der Wassermann runzelte etwas die Stirn, aber schließlich kehrte auch Ruhe in sein Reich ein, wenn die Fließe mit einer dünnen Eisschicht bedeckt waren.

Der Schlangenkönig kroch in seinen warmen Bau zurück und die Mittagsfrau versprach den Lutki, ein wenig Wärme in die Weihnachtswerkstatt zu bringen.

Ende gut – alles gut, und wenn ihr in diesem Weihnachten durch ein glitzerndes Weiß verzaubert werdet, dann denkt an dieses Märchen.

Die kleine Sternschnuppe

Schnee fiel auf die Erde, so dicht, dass man die Hand vor Augen nicht sehen konnte. Langsam verwandelte sich der Spreewald in eine weiße Landschaft, in der man Wiesen, Sträucher, Häuser und Bäume unter einer dicken weißen Decke verschwinden sah. Es wurde immer dunkler. Am Himmel wurden die Wolken immer dicker, denn der Schnee wollte noch ein paar Tage zur Erde fallen.

Auf einer Wolke aber war es taghell. Hier wohnte die Sternschnuppenfamilie. Sie putzten und putzten sich vom Morgen bis zum Abend, um zu glänzen, wenn sie ihre Fahrt durch die Wolken machten. Sie wussten, dass sich die Menschen bei ihrem Anblick etwas wünschen konnten. Natürlich heimlich, denn wenn man den Wunsch laut äußerte, ging er nicht in Erfüllung.

Diese Geschichte kannte auch die kleinste Sternschnuppe Serjanka. Ach, träumte sie, könnte ich doch einmal auf die Erde fallen und schauen, woher die vielen Lichter kommen, die man im Winter sieht.

Eines Abends entschloss sie sich heimlich zu verschwinden. Gedacht, getan. Serjanka ließ sich fallen, fallen, fallen.

Hups, aua, das tat weh. Sie war auf einem Baumstamm in einem Moor gelandet. Fast wäre sie stumpf geworden und könnte dann nicht mehr leuchten.

Wie sie sich da ihre Beule rieb, flackerten plötzlich Tausende Lichter über dem Moor. Was war denn das? Sie rief laut: „Hallo! Wer seid ihr? Warum wird es so hell?“ Da bekam sie zur Antwort. „Hei, wir sind die Irrlichter, die *Błudniki*, und wir üben für das Weihnachtsfest.“ Serjanka, die Sternschnuppe, kam aus dem Staunen nicht heraus. Irrlichter? Weihnachten? Was bedeutete denn das alles?

Ein Irrlicht näherte sich. Da wurde es so hell, dass man glauben konnte, es wäre Tag. „Wer bist du denn?“, fragte es, „du strahlst ja mehr wie wir!“

„Ich bin Serjanka, eine Sternschnuppe, und wollte wissen, warum es im Winter bei euch so hell ist?“

„Aha“, eine Sternschnuppe. Weißt du was? Wir nehmen dich mit, wenn wir arbeiten gehen. Es wird bald Weihnachten. Da leuchtet die Welt in einem besonderen Schein. Die Menschenkinder zünden Kerzen an, stellen einen geschmückten Baum ins Zimmer und die Kirchenglocken läuten. Da wir Irrlichter besonders hell sind und auch ein bisschen flackern, sieht es aus, wie bei den Kerzen“.

„Toll, ist das toll! Ich komme mit“, freute sich Serjanka. Die Sternschnuppe streifte so durch die Straßen, schaute in die Fenster und erhellte das kleine Städtchen im Spreewald. War das schön!

Es ertönten Lieder. Lachende Kinder waren zu hören. Ein Mann im roten Mantel mit einem weißen Rauschebart fuhr mit dem Schlitten, mit vielen Paketen darauf, durch die Straßen. Das war also Weihnachten.

Serjanka fielen langsam die Augen zu, und ehe sie es sich versah, war sie eingeschlafen. Am nächsten Morgen wurde es hell. Die Irrlichter waren in der aufgehenden Sonne nicht mehr zu sehen. Auch Serjankas Schein war fast verloschen. Sie nahm sich vor, noch mehr über dieses Weihnachten zu erfahren.

Pit und das glitzernde Eis

„Also, ich gehe jetzt und denke daran: Nicht aufs Eis gehen! Es hält noch nicht!“ Mutter Mia zieht die Tür hinter sich ins Schloss und fährt zur Arbeit. Da Ferien sind, braucht Pit nicht zur Schule. Der Blick aufs Thermometer zeigt minus zwei Grad. Er ist sich ganz sicher, dass nach einer Woche Frost der kleine Bach hinterm Haus eine Eisschicht hat, auf der man gut schlittern kann.

Sein Blick fällt auf die Schlittschuhe. Irgendwie ist es, als raunten sie ihm zu: „Zieh uns an. Wir wollen aufs Eis!“ Nach kurzem Überlegen verlässt er mit den Schlittschuhen das Haus.

Am Bach angekommen, prüft er mit einem Stock das Eis und meint, dass es dick genug sei. In seiner Aufregung bedenkt Pit allerdings nicht, dass das Wasser des Baches im Winter besonders schnell fließt und somit in der Mitte das Eis viel dünner ist. Pit schaut sich um, und geht kurz entschlossen aufs Eis. Am Ufer entlang beginnt er vorsichtig zu laufen. Prima, das klappt gut. Hin und wieder knackt es ein wenig, aber Pit wird immer übermütiger.

Dabei passiert es. Er läuft zur Mitte des Baches und ... bricht ein. Mit beiden Beinen steht er im eiskalten Wasser und versucht nun, ans Ufer zu kommen. Der Bach ist nicht tief, aber sehr morastig. Das Wasser ist furchtbar kalt. Pit beginnt, um Hilfe zu rufen. Er hat Glück. Nachbar Schön geht gerade mit seinem Hund spazieren und hört die Hilfeschreie. Schnell ist er bei Pit, legt sich aufs Eis und hilft so dem Jungen, ans Ufer zu kommen.

Pit zittert am ganzen Körper und will nur eines – nach Hause. „Nee, nee, mein Junge, du kommst mit mir mit und meine Frau steckt dich gleich mal in die Badewanne. Du kannst von Glück reden, dass ich dich gehört habe. Wie kann man nur so leichtsinnig sein?"

Kleinlaut hört sich Pit die Schelte des Nachbarn an und schwört bei sich, nie wieder Mutters Anweisungen zu ignorieren. Er friert so sehr, dass er kaum laufen kann. Selbst die Jacke des Nachbarn wärmt ihn nicht. Frau Schön ahnt, was passiert ist, als sie die beiden kommen sieht. Schnell lässt sie das Wasser in die Wanne und steckt Pit hinein. Die Sachen, nass und schmutzig, packt sie in eine Schüssel.

Als Mutter Mia nach Hause kommt, hängt an der Tür ein Zettel. „Pit ist bei uns, Nachbar Schön." Erschrocken und mit einer Vorahnung klingelt sie bei den Schöns. „Pit schläft jetzt", sagt die Nachbarin, „aber ich glaube, er hat sich doch ganz schön erkältet." Mutter Mia bedankt sich und trägt den schlafenden Pit nach Hause. Er hatte es also doch versucht ...

Am nächsten Morgen erwacht der „Eisläufer" mit hohem Fieber. Seine Ferien sind „gelaufen". „Absolute Bettruhe, sonst wirds 'ne Lungenentzündung", sagt streng der Arzt. Pit nickt und schwört noch einmal: „Nie wieder!"

Der Esel auf dem Eis

Ein Esel ging einmal aufs Eis,
da wurde ihm so komisch heiß.
Es knackte hier, es knackte dort.
Er wollte von dem Eise fort.
Ganz langsam ging er Schritt für Schritt,
bis er ganz fürchterlich hinglitt,
sodass es schrecklich krachte,
er einen super Abgang machte
und wurde in dem kalten See
ein Eis-Esel, oh je, oh je!
Er schrie so laut sein „I-ah, i-ah,
ist denn wirklich keiner da?“
Er fror und bibberte so sehr,
da kam der Schnupfen schon daher
und mit der Zeit
war das Fieber auch nicht weit.
Sie krochen in den Esel rein.
Der wollt’ nur eins: Zu Hause sein.
Erst nach ein paar Stunden
hatte man ihn dann gefunden.
Und die Moral von der Geschicht’:
„Betritt das Eis bei Warnung nicht!“

Der Regentropfen

Ein Regentropfen klein und nass, der machte sich mal einen Spaß. Er nahm die Freunde an die Hand und fiel, pardauz, hinab aufs Land.
Dort flossen sie in alle Ritzen und bildeten ganz große Pfützen.
Die Kinder lachten, tollten sehr im riesengroßen Tropfenmeer.
Die Blumen raunten: „Ist das schön!“
Man konnte sie gleich wachsen sehn.
Der Hund, der Vogel und das Kätzchen
suchten im Regen auch ein Plätzchen.
Weil man das mal sehr gerne hat,
genossen sie das Erfrischungsbad.
Doch plötzlich, schaut – es geht ganz schnell,
da wird der Himmel wieder hell.
Es kommt hervor mit großer Wonne –
die gelbe, wärmende Frau Sonne.
Sie nimmt die Tropfen schwupp die wipp
auf einem Strahl zum Himmel mit.
Dort wartet man nun und wartet,
bis die Regenwolke wieder startet.

P.S.: In diesem Gedicht stimmt etwas nicht – findet ihr es heraus?

Pumpelo, der Weihnachtsmann-Zwerg

Es war einmal vor langer Zeit. So fangen alle Märchen an. Aber diese Geschichte ist wahr. Oder doch nicht? Also, richtig weiß ich es gar nicht mehr. Was ich nicht mehr weiß? Na, ob ich dem Zwerg Pumpelo begegnet bin. Oder ob ich seine Geschichte geträumt habe. Aber eigentlich ist es auch egal.

Pumpelo war ein kleiner Zwerg. Er träumte davon, zur Weihnachtszeit als Weihnachtsmann den Kindern ihre Wünsche zu erfüllen. Aber jedes Jahr zu der Zeit, wenn im Land hinter den Bergen bei Frau Holle unter den Weihnachtsmännern beraten wurde, wer zu den Kindern fahren, fliegen oder laufen solle, drängte man den Zwerg Pumpelo zur Seite.

Sie lachten so laut, dass die Rauschebärte tüchtig zitterten. „Ha, ha, ha, du kleiner Wicht – ich lache mich kaputt. Was willst du bei den Kindern?“, rief der Ober-Weihnachtsmann. „Du verschwindest ja hinter dem großen Sack. Die Geschenke schaffst du nicht zu tragen und mit deinen kurzen Beinen bist du zu Ostern noch nicht fertig. Unvorstellbar!“

Der älteste Weihnachtsmann hielt sich vor Lachen seinen dicken Bauch und schaute auf den kleinen Zwerg Pumpelo herab. Dieser wurde noch kleiner und verkroch sich wieder einmal unter dem Tisch.

Die Zeit verging. Weihnachten rückte näher und die Arbeit hinter den Bergen in Weihnachtshausen nahm immer mehr zu. Zwerg Pumpelo schaute zu und wurde ganz traurig. Die Zeit aber wurde immer knapper, Frau

Holle schaffte es kaum, den Schnee zu schütteln. Da hörte er, wie der Ober-Weihnachtsmann verzweifelt in die Hände klatschte: „Schneller, schneller, wir schaffen unsere Arbeit nicht!“ Ein Weihnachtsmann war krank geworden. Er war schlimm erkältet. So konnte er nicht zu den Kindern.

Das war die Chance für Zwerg Pumpelo. Ganz vorsichtig fragte er, ob vielleicht ..., na ja ..., ob er nicht eventuell ...? Der Ober-Weihnachtsmann lachte erst: „Was, du?“ Aber dann fiel ihm ein, dass die Kinder in dem Kindergarten sehnsüchtig warteten. Sie waren besonders aufgeregt, denn der Weihnachtsmann besuchte sie zum ersten Mal in ihrem neuen Heim.

Das alte Haus war vor zwei Jahren beim Hochwasser total zerstört worden. Das neue war viel schöner geworden und zum Weihnachtsfest wollen alle feiern. Ruckzuck entschied der Ober-Weihnachtsmann, dass Zwerg Pumpelo zu den Kindern geschickt wird.

Wie der sich freute! Na, und die Kinder erst. Sie störte nicht, dass der Mann im roten Mantel mit dem weißen Rauschebart recht klein war. Er passte gut zu ihren Stühlchen, Tellerchen und Gäbelchen. Sein Sack war prall gefüllt und so wurde dieses Weihnachten ein besonderes Fest.

Die weiße Prinzessin aus dem Wunderland

Es war einmal ein Wunderland. Es war nicht bunt wie all die anderen Länder, sondern weiß. Ja, richtig: weiß. Es gab dort weiße Felder und Wiesen, Blumen und Bäume. Auch die Häuser und das Schloss waren weiß.

Keine Kunst, werdet ihr sagen, in diesem Land ist halt Winter. Eben nicht, denn es gab nicht nur draußen alles in Weiß. Auch im Schloss war alles weiß. Weiße Wände, weiße Tische und Stühle und Tassen. Und ihr ahnt es schon: Auch das Königspaar und die Prinzessin waren weiß. Kleider, Haare, Schuhe, Taschen, ja selbst der kleine Pudel war weiß.

Damit das alles so blieb und nichts schmutzig wurde, saßen die Königsleute tagaus, tagein nur herum. Man könnte ja einen Fleck bekommen. Wollte die Prinzessin nach draußen gehen, hieß es: „Mach dich ja nicht schmutzig." Die Dienerschaft zog sich jedes Mal um, wenn sie zum Königspaar gerufen wurde.

So ging das Tage, Monate und Jahre. Der Prinzessin wurde es sooo langweilig. In ihrer weißen Kutsche mit den weißen Pferden durfte sie bis zur Grenze. Dann kehrte die Kutsche wieder um.

Da wurde die Prinzessin neugierig. Was war dahinter? Die hohe weiße Mauer mit der weißen Hecke schien ganz dicht. Eines Tages, es war wieder schrecklich langweilig, schlich die Prinzessin aus dem Schloss. Ihre Spuren waren zwar zu sehen, aber keiner kümmerte sich darum. Man wollte sich ja nicht schmutzig machen.

An der Mauer angekommen, entdeckte die Prinzessin nach langem Suchen ein Loch. Die Hecke verdeckte es, so hatte es bisher noch keiner gesehen. Welch ein Glück. Ganz vorsichtig zwängte sich die Prinzessin mit ihrem weißen Kleid und den weißen Haaren durch das Loch. Ritsch, ratsch. Da blieb sie hängen, das Kleid hatte einen Riss und war schmutzig. „Auweia, auweia, was würde die Mutter sagen?"

Die Neugierde war jedoch größer und was die Prinzessin sah, ließ sie alle Bedenken vergessen: Ein kleines Dorf mit kleinen Häusern, kleinen Bäumen. Es glitzerte und strahlte aus den kleinen Fenstern.

Da entdeckte sie ein blaues Etwas: „He, hallo, wer bist du denn?" Erschrocken erhob sich das Etwas. Es war ein Mädchen und sagte: „Ich bin Blaukäppchen, und wer bist du?" – „Ich bin die weiße Prinzessin aus dem Wunderland. Kennst du es nicht?"

Das Blaukäppchen staunte: „Alles weiß? Bei uns ist doch auch alles weiß. Es hat geschneit und bald ist Weihnachten." Schnee? Weihnachten? Fragen über Fragen. Doch erst einmal begann die kleine weiße Prinzessin vor Kälte zu zittern.

„He, komm, dir ist kalt. Gehen wir ins Haus. Dort ist es warm. Mutter ist beim Backen. Vielleicht können wir ihr helfen."

Die Prinzessin aus dem Wunderland wunderte sich nun immer mehr. Wunder über Wunder. Warme Stuben, Kuchen und Plätzchen backen, Lichterglanz, Weihnachten ...

In der Küche angekommen genoss die Prinzessin die Wärme. Wie das duftete! So etwas kannte sie von zu Hause nicht. Sie durfte dort nicht in die Küche, denn sie könnte sich ja schmutzig machen.

Die Mutter knetete gerade den Teig, um ihn danach zu rollen, „Na los, ihr beiden, wascht euch die Hände und helft beim Ausstechen. Blaukäppchen, gib der Prinzessin eine Schürze."

Mutter hatte gleich, als das fremde Mädchen die Küche betreten hatte, geahnt, wen ihre Tochter mitgebracht hatte. Es wurde schon lange gemunkelt, dass hinter der hohen Mauer etwas Besonderes sein müsste.

Als die Prinzessin die Schürze umband, jauchzte sie vor Freude: „So bunt, so schön bunt!"

Blaukäppchen begann mit dem Ausstechen der Plätzchen: Sterne, Engel, Sonne, Mond und Weihnachtsmann. Vater hatte die Ausstechformen vom Krämer aus der Stadt mitgebracht.

Die Prinzessin kam aus dem Staunen nicht heraus. Langweilig war ihr schon lange nicht mehr. Die Wangen wurden rot und das Weiß der Haare leuchtete im Licht der Lampe gelblich. Sie war kaum wiederzuerkennen.

Die Mädchen kicherten und hatten ihren Spaß. „Seid ein wenig leiser. Ich vergesse sonst die Zutaten“, mahnte die Mutter:

- 300 Gramm Mehl,
- 120 Gramm Zucker,
- 120 Gramm Fett,
- ein halbes Päckchen Backpulver,
- zwei Eier,
- ein paar Löffel Kokosraspeln

... und dann kneten. Oh, das ging auf die Arme. Mit dem Teigroller wurde der Teig flach ausgerollt. Das Mehl darunter verhinderte, dass der Teig kleben blieb. Nun waren die Mädchen wieder dran. War das ein Spaß. Dann kamen die Bleche in den Backofen. Die ersten Plätzchen durften sie naschen. Wie die schmeckten!

Es wurde aber langsam Zeit, dass Blaukäppchen die Prinzessin wieder zur Mauer brachte. Die Dunkelheit brach schneller herein als im Sommer. Und obwohl der Schnee glitzerte, wollte die Prinzessin wieder zu Hause sein, bevor man ihr Verschwinden bemerkte. Die Schürze aber steckte sie in die Tasche, wegen der schönen Farben, und irgendwie duftete auch sie nach den Plätzchen.

Husch, husch kroch sie durchs Loch ins weiße Wunderland. Jetzt wurde ihr so richtig bewusst, wie schön der Tag gewesen war. Sie schlich in ihr weißes Zimmer, versteckte das zerrissene Kleid im weißen Schrank, in dem noch viele weiße Kleider hingen, und ging, als wäre gar nichts passiert, zu den Eltern, die bereits mit dem Essen warteten.

„Wie siehst du denn aus?“, rief die Königin entsetzt. „Du bist ja ganz, ganz ... ich weiß nicht wie, im Gesicht!“

Eine Ohnmacht kündigte sich an. Daran hatte die Prinzessin nicht gedacht.

Durch die viele Bewegung an der Luft und dem Spaß am Backen hatten sich ihre Wangen rosa verfärbt und machten das Mädchen noch schöner. Die weißen Haare waren zerzaust und die Hände, ja, die Hände waren rot von der Kälte.

Ehe die Mutter so richtig in Ohnmacht fiel, dachte die Prinzessin daran, wie gern sie diese Geschichte wohl hören möchte. Und so begann sie zu erzählen: „Es war einmal ..."

Als das Ende herankam, rief der König: „Halt, Schluss, aus! Ich dulde es nicht, dass in meinem weißen Schloss Geschichten erzählt werden, in denen es um Farben geht! Wir bleiben im weißen Schloss, auf weißen Stühlen, in weißen Wänden!"

Die Prinzessin hielt inne, aber so ganz tief in ihrem Herzen wusste sie, dass es Weihnachten gab, Menschen ohne Langeweile, mit wärmenden Kerzen und der Erwartung auf ein geheimnisvolles Kind.

Vielleicht entdeckte niemand das Loch in der Mauer und vielleicht ... Aber das ist schon wieder eine andere Geschichte.

Großmutters Schatztruhe

Trini freute sich riesig. Mutter hatte ihr versprochen, am Wochenende wieder mal raus aufs Land zur Großmutter zu fahren. Trini liebte das Haus dort, das noch ein bisschen aussah wie aus dem Märchenbuch. Bäume und Sträucher, dazu eine große Wiese mit vielen Blumen gaben diesem „Holle-Häuschen", wie sie es heimlich nannte, einen verträumten Zug.

Und Trini träumte doch so gern. Überhaupt, wenn Großmutter Geschichten aus ihrer Kindheit erzählte. Am spannendsten wurde es dann, wenn sie beide auf den Boden gingen und sich dort aufs alte Sofa setzten. Davor stand eine Truhe, Großmutters Schatztruhe. Hob Großmama den Deckel der Truhe, meinte man, in eine andere Welt zu kommen: Wunderschöne gestickte Tücher, Seidenschürzen, Tuchröcke mit bunten Bändern und ein Kopfschmuck, den Trini nie länger als eine Minute auf dem Kopf behalten konnte. Großmutter sagte dazu „Haube".

Verträumt schaute sie auf dieses Prachtstück und dachte an die Tanzabende ihrer Jugendzeit, an denen sie in dieser Tracht Walzer und Polka getanzt hatte.

Heute wollte Trini wissen, was Omas Lieblingstanz gewesen war. Oma lächelte, stand etwas mühsam auf und versuchte, die Tanzschritte vorzumachen. Die Hände stemmte sie dazu in die Hüften und die Füße kamen langsam in Bewegung. Großmutter versuchte dazu zu summen: „Hacke, Spitze, Hacke, Spitze links, Hacke, Spitze, Hacke, Spitze rechts, zweimal links nach vorn, zweimal rechts nach vorn und dreh'n." Puh, Oma lachte, es wurde ihr schwindelig.

„Ja, Trini, das war mein Lieblingstanz, so lange ich tanzen konnte. Es ist die Annemarie-Polka".

Trini hatte aufmerksam zugeschaut und probierte nun auch die Schritte. Wie sie da so übte, schaute Großmutter wieder in die Schatztruhe und was sie jetzt hervorholte, brachte Trini so zum Lachen, dass sie sich den Bauch festhalten musste.

Was war denn das? Zwei Hosenbeine aus weißem Stoff mit schönen Spitzen unten am Rand wurden oben mit einem Band zusammengehalten. Oma schmunzelte. Mit dieser Reaktion hatte sie gerechnet.

Heute waren diese „Höschen" ein Spaßmacher, aber früher wurden sie täglich so getragen. Heute sagt man *Dessous* dazu. Oma weiß nicht, wie es geschrieben wird und was es richtig zu bedeuten hat. Aber so war die Unterwäsche damals eben.

Trini hielt sich immer noch den Bauch vor Lachen. „Wie ist man auf so eine Idee gekommen?" Großmutter wurde etwas ernster und erzählte die Geschichte von früher, als die Landarbeiter noch schwer auf dem Feld arbeiten mussten. Jedes Fehlen auf dem Acker wurde abends vom kargen Lohn abgezogen. So haben sich die Frauen etwas einfallen lassen und „erfanden" diese Höschen. Sie waren bequem, weil man sie nicht erst herunterziehen musste. Das ist nun schon sehr lange her. Aber geblieben ist das Wäschestück als Teil der wendischen Tracht.

Trini hatte aufmerksam zugehört. Da konnte sie wieder etwas lernen. Deshalb fuhr sie so gern ins „Holle-Häuschen" mit der großen Wiese, den Bäumen und Blumen und den spannenden Stunden mit Großmutters Geschichten, wenn diese ihre Schatztruhe öffnete.

Die Prinzessin *Ichwilldasnicht*

Es war einmal im Land *Irgendwo-Ichweißnichtwo*. Da lebte eine kleine Prinzessin, und die hieß *Ichwilldasnicht*. Sie hieß aber nicht immer so. Als ihre Eltern ihr bei der Geburt einen schönen Namen aussuchen wollten, fiel ihnen vor lauter Aufregung gar keiner ein. Sie lasen Bücher und schickten Boten ins Land, welche dem Volk kundtaten, dass für die Prinzessin ein Name gesucht werde. Ein kluger Junge lief zum Königshaus und schlug den Eltern den Namen *Danya* vor. Er hatte von einer Elfe gleichen Namens gehört, die allen Tieren und Menschen Gutes tat. Das Königspaar war begeistert und die kleine Prinzessin wurde *Danya* getauft. Der Junge war stolz und zog überglücklich mit einem Goldstück als Belohnung davon.

Danya gedieh prächtig und wurde ein bildhübsches Mädchen. Mutter und Vater liebten sie abgöttisch und lasen ihr jeden Wunsch von den Augen ab. Ob Kleider, Spielzeug, Kindermädchen, alles durfte sich die Prinzessin selber aussuchen.

Das ging auch ein Weilchen gut, bis Danya etwas älter wurde. Plötzlich passte ihr gar nichts mehr. Weder die Loblieder der Eltern noch ihre schönen Kleider. Das Kindermädchen verzweifelte und verließ das Schloss. Das nächste Mädchen kam, blieb zwei Tage und ging wieder fort. Prinzessin *Danya* stampfte mit den Füßen und schrie laut: „Ichwilldasnicht!“

Es wurde immer lauter und immer öfter. Bald wusste man im ganzen Land, wann im Schloss die Prinzessin wütend wurde. So ging das Tage und Wochen. Egal, was im Schloss für die Prinzessin gebaut, gebacken, gekocht oder genäht wurde, sie stampfte mit den Füßen und schrie: „Ichwilldasnicht!“

Bald kannten die Leute im Königreich *Irgendwo-Ichweißnichtwo* gar nicht mehr ihren richtigen Namen. Die Prinzessin machte durch ihre Launen alle traurig. Stampfte sie mit den Füßen, wackelten die Gläser, die Teller und Vasen. Im Garten wuchs dort kein Gras mehr. Die Blumen verwelkten und die Vögel flogen davon. Im Schlosspark wurde es ganz still, außer wenn *Danya* wieder schrie: „Ichwilldasnicht!".

Die Schlossbewohner wurden so traurig, dass Frau Sonne sich das nicht mehr anschauen konnte und hinter den Wolken verschwand. Die plusterten sich so vor Ärger auf, dass sie tiefblau anschwollen. Im Königreich wurde es ganz dunkel. Die Kerzen im Schloss flackerten, die Fackeln gingen aus, weil der Wind durch die Gemäuer pfiff. Ein jeder begann sich zu gruseln. Prinzessin *Danya* natürlich nicht. Sie wurde wieder einmal wütend und schrie: „Ichwilldasnicht!" Doch keiner hörte sie. Der Wind pfiff so laut er konnte. Die Wolken ließen die Regentropfen prasseln und die Schlossgeister geisterten durch die leeren Räume.

Ganz langsam wurde Danya stiller: „Ich – will – das – nicht!" Immer zaghafter wurde das Stampfen der Füße und die Stimme immer leiser: „Ich, ich – will – das, das – nicht!"

Jetzt hörte man die Prinzessin fast gar nicht mehr. Und stellt euch vor, da liefen doch tatsächlich ein paar Tränen über das Gesicht. Einmal und zweimal stampften die Füße noch etwas auf, da plötzlich lief die Prinzessin in ihr Zimmer.

Es gruselte sie tatsächlich. Lachten da nicht ihre Puppen, bewegte sich nicht gerade der Kasper? Alles schien zu tanzen und wie aus einem Munde erklang ein Lied

„Ich will das nicht, ich kann das nicht, ich stampfe mit den Füßen ...“

Danya fing an, fürchterlich zu weinen. Was war bloß los? Wo war ihr Kindermädchen? Wo waren die Eltern und die Diener? Es sang, es klang, es pfiff der Wind, Blitz und Donner folgten. Die Prinzessin fing an, sich zu drehen, zu drehen, bis ihr schwindelig wurde.

Plötzlich gab es einen Knall. Wie von unsichtbaren Händen gezogen, verschwanden die Wolken, die Blumen standen auf, die Vögel zwitscherten ein Lied und – Danya machte die Augen auf – ganz langsam und ihr werdet es nicht glauben: Sie hatte alles nur geträumt.

Die „Trödel-Trine“

Kennt ihr das nette Mädchen, auch Trine gern genannt?
Es ist in unserer Gegend bei vielen sehr bekannt.
Sie ist zwar lieb und drollig, auch immer supernett.
Wenn es nicht immer öfter ’ne kleine Macke hätt.
Es denkt, wenn andere eilen, ich hab noch sooo viel Zeit.
Doch ist die schneller als sie möchte, und es ist dann schon so weit.
Der Ranzen in der Ecke, das Haar noch nicht gekämmt,
das Schulbrot liegt im Kühlschrank, die Zeit, die liebe rennt.
Der Bus kann nicht mehr warten, der Fahrer fährt nun los.
Was macht nun unsre Trine vor lauter Schrecken bloß?
Sie nimmt ganz schnell ihr Handy, denn *das* ist immer da.
Und ruft zu Haus eilig die Mama an.
Die macht ’ne böse Miene und seufzt ganz tief und schwer:
„Ach, diese Trödel-Trine. Ich glaub, sie lernt ’s nicht mehr.“

Die verschwundene Badehose

Oder das „verschenkte“ Taschengeld

Franz war wütend. Er saß in seinem Zimmer und sah nur noch ein Chaos. Da die Winterpullover, hier ein Paar Socken und mittendrin Bücher und Hefte.

Was war passiert? Die Lehrerin Frau Liebe hatte angekündigt, dass die Klasse in zwei Tagen noch einmal ins Hallenbad gehen würde. Die Kinder sollten Gelegenheit zur Verbesserung ihrer Schwimmtechnik bekommen.

Dafür brauchte Franz nun mal seine Badehose. Wo war sie nur? Er hatte schon alles durchgesucht. Deshalb auch das Durcheinander. Er war den Tränen nahe. Er könnte Mutti fragen, wenn da, ja, wenn da nicht diese Verabredung wäre, dieses „Geschäft“. Es hatte ihm im ersten Monat schon die Hälfte seines Taschengeldes gekostet.

Mutti war es leid, ihm ständig nachzuräumen. Brauchte Franz Socken, rief er: „Wo sind meine ...?“ Ob Lesebuch, Lineal, T-Shirt, Turnschuhe. Irgendwie hatte man das Gefühl, es hätte alles Beine zum Weglaufen. Franz suchte immer etwas.

Mutti reichte es. Sie kaufte ihm ein Krokodil, auf dessen Bauch sieben Taschen genäht waren. Da sollten künftig seine Socken hinein. Nicht genug damit. In der Küche stand eine Spardose und bei jeder Frage: „Wo ist mein ...?“ landeten 50 Cent in derselben.

Das Taschengeld schrumpfte erheblich, sodass Franz sich in den Ferien schon ohne Eis und Kinokarten sah. Es half alles nichts. Die Socken mussten ins Krokodil, die Hefte in den Schreibtisch und so weiter.

Allmählich wurde es besser. Franz hatte mehr Freizeit, und sein Taschengeld landete im eigenen „Sparschwein“.

Und nun das: Wo war die Badehose? Langsam öffnete sich die Tür. Muttis Kopf schob sich hinein und schon folgte die Frage: „Suchst du etwas?“

„Ich, nööö“, antwortete Franz mit leicht geröteten Wangen schnell. „Ich räume auf.“ Nur jetzt nichts verraten, dachte er, dann sind wieder 50 Cent weg.

„Ach so, du räumst auf“, antwortete Mutti und betrachtete kopfschüttelnd das Chaos. Sie schloss die Tür und verschwand.

Allmählich gab Franz das Suchen nach der Badehose auf. Er hatte zwar das geliehene T-Shirt von Paul gefunden und Lenas Lineal, doch keine Badehose. Beim Abendbrot nahm er sich ein Herz und fragte Mutti kleinlaut nach dem gesuchten Kleidungsstück.

„Also doch, habe ich es mir gedacht. Von wegen aufräumen. Die Badehose ist in der Tüte mit den Badelatschen und dem Handtuch. Und die liegt bei den Sportsachen.“

„Bei den Sportsachen?“, fragte Franz ganz ungläubig, „da habe ich doch gesucht!“

„Es tut mir leid, mein großer, kleiner Ordnungsjunge. Da hast du wohl nicht richtig nachgeschaut.“

Mutti hatte recht. In seiner Aufregung brachte er mehr durcheinander, als dass er es ordnete. 50 Cent klapperten in Muttis Spardose. Und Franz nahm sich wieder einmal vor, seine Sachen ordentlicher aufzubewahren.

Krach im Buchstabenland

Hinter den acht Bergen, hinter den acht Tälern liegt das Buchstabenland. Dort leben alle Buchstaben von *a* bis *z* in Frieden und Eintracht. Auch das *ß*.

Die Menschenkinder sind glücklich darüber, dass es die Buchstaben gibt. Darüber sind sich alle einig. So können Briefe geschrieben werden, Bücher und natürlich auch Märchen wie dieses.

Eines Tages aber kam Unruhe, ja sogar richtiger Krach ins Buchstabenland. Der Wind hatte dem *a*, dem *b*, dem *c*, eben allen bis zum *z* erzählt, er habe gehört, dass die Menschen in Zukunft das *ß* nicht mehr so benutzen möchten. Sie würden dafür nur *s* schreiben, und so könne das *ß* sich öfter ausruhen.

Als das die Buchstaben hören, wurden sie ganz unruhig. So etwas gab es noch nie und kein Buchstabe hatte sich bisher für besonders wichtig gehalten. Jetzt aber fingen alle an, darüber nachzudenken. Zuerst meldete sich das *e*: „Ich, ich bin besonders wichtig. Kein Klee, kein Schnee ohne mich. Die Menschen brauchen mich!"

Darüber ärgerte sich jetzt das *a*: „Wie kommst du denn darauf? Das *a* ist wichtig. Ich weiß sogar, dass man beim Doktor *a* sagen muss! Bilde dir bloß nichts ein." Es dauerte nicht lange, da redeten alle durcheinander. Der Krach im Buchstabenland war ausgebrochen. *i*, *o* und *u* gesellten sich zu *e* und *a*, denn die Selbstlaute wollten zusammenhalten. „Ohne uns seid ihr gar nichts", warfen sie den Mitlauten vor.

Diese waren inzwischen auch am Streiten, wer denn nun besonders wichtig ist. „Rrrruhe!", rief das *r*, wenn wir uns streiten, gerät das ganze ABC durcheinander. Was sollen die Kinder in der Schule dann lernen?"

„Stimmt", schluchzte leise das y, und auch das x stimmt ein. „Überlegt einmal, wie selten man uns braucht! Wir sehen noch aus wie neu! Aber wir gehören auch dazu!"

Das machte die anderen Buchstaben ein wenig verlegen. Eigentlich hatten die beiden recht. Sie waren wirklich noch wie neu.

„Quatsch, Quatsch", warf da das q ein. Ich bin auch nicht so wichtig und fast wie neu. Aber dafür darf ich immer mit dem u zusammengehen. Das u überlegte und nickte.

Wenn sie alle ein bisschen fair blieben, konnten sie auch akzeptieren, dass manche von ihnen eben öfter drankamen, andere weniger. Das a, o und u waren besonders stolz. Mit zwei kleinen Strichen auf dem Kopf wurden sie „verwandelt". Die Menschen sagten dann ä, ö und ü.

Nun, und wenn die Mitlaute so recht überlegten, hießen sie ja deshalb Mitlaute, weil noch ein e oder ein a beim Aussprechen dabei sein durfte. Man nannte sie also Be, Ce, De, Ef und Ge oder Ha und Ka.

So langsam zog wieder Ruhe ein ins Buchstabenland. Das ß tröstete sich und umarmte das s. Schließlich musste es ja jetzt mehr arbeiten.

Wichtig für alle aber war, dass die kleinen Menschenkinder lernen, wie man die Buchstaben schreibt und damit schöne Worte aufs Papier bringen kann. Mit diesen entstehen dann Briefe, Bücher und Märchen, ebenso wie dieses.

Timos „verdrehte Welt“

Timo ist ein toller Kumpel, finden seine Freunde: hilfsbereit, zu Späßen aufgelegt, in der Schule fleißig und immer gut drauf. Das Tollste sind aber seine Geburtstagsfeiern. Jedes Jahr lässt sich Timo mithilfe seiner Mutter etwas einfallen. Im letzten Jahr war „Auto-Geburtstag“. Jedes Kind hatte ein Los gezogen, auf dem eine Automarke stand. Die Teilnehmer sollten sich über dieses Auto informieren, es zeichnen und das Markenzeichen basteln. Timos Eltern bildeten die Jury, verteilten Punkte, und es gab kleine Preise. Das machte viel Spaß. Diese Feste vergingen wie im Fluge.

In diesem Jahr stand Timos „Fete“ unter dem Motto „verdrehte Welt“. Jedes eingeladene Kind musste sich Gedanken darüber machen, was es zum Fest verdrehen konnte. Auf den Losen standen Begriffe wie Frühling, Sommer, Herbst und Winter, Suppe, Braten, Dessert, Schlafen, Spielen, Tanzen. Die Kinder sollten also genau das Gegenteil von dem tun oder mitbringen, was auf den Losen stand.

Timos Eltern hatten sich freigenommen und einen Fotoapparat bereitgelegt. Schließlich waren sie die Jury. Kleine Preise lagen bereit. Es konnte losgehen. Gina hatte das Thema „Winter“ gezogen. Sie hatte das auf ein Schild geschrieben und kam ... im Bikini. Ähnlich machten es die anderen. Der Frühling kam mit einer Kastanienkrone, der Herbst mit einem Blumenröckchen. Der Sommer trug einen Pelzkragen.

Timos Eltern kamen ins Schwitzen. Sie hätten ihre Aufgabe als Juroren am liebsten aufgegeben, so tolle Ideen hatten die Kinder diesmal wieder.

Lulu und die Schäfchenwolken

Es war einmal eine riesengroße schöne Wiese mit saftig grünem Gras. Auf dieser Wiese stand ein riesengroßer Baum mit großen grünen Blättern. Die Sonne schien auf die Blumen, die auf der Wiese blühten, und die Wolken spiegelten sich in einem glasklaren Teich.

Eines Tages wurde es laut auf dieser riesengroßen schönen Wiese mit dem saftig grünen Gras. Eine Schafherde hatte sich verlaufen und fand nun dieses einladende Plätzchen.

Die Schafe freuten sich über so viel Glück, stürzten sich mit großem Appetit auf das grüne Gras und tranken aus dem glasklaren Teich. In ihrer Aufregung und Freude merkten sie gar nicht, dass sie viel Gras zertraten und Blumen umknickten.

Nach ein paar Tagen wurde das Gras auf der Wiese braun und die Blumen verwelkten. Das Wasser im Teich war schlammig geworden und schmeckte nicht mehr. Die Schafe stellten erschrocken fest, dass das Futter nicht mehr für alle reichen würde.

Auch Lulus Eltern merkten, dass bereits nach zwei Tagen der Hunger wieder da war. Lulu, müsst ihr wissen, war ein kleines Schaf, ein Lämmchen. Und weil es so klein war, achteten die Eltern immer darauf, dass es gut zu fressen und zu trinken bekam.

Aber nun war die Wiese so zertreten, dass sich Lulus Eltern entschlossen, allein weiter zu ziehen.

Da wurde das kleine Lämmchen ganz traurig. Wenn es auch Hunger und Durst verspürte, so hatte es doch seine Freunde hier. Ebenso kleine Lämmchen, größere und gleichgroße. Aber die Eltern blieben dabei. Sie zogen mit Lulu bei Sonnenaufgang los und suchten eine andere Wiese, auf der sie sich wieder so richtig satt fressen konnten.

Zwei lange Tage mussten sie laufen, Lulu war immer in ihrer Mitte, geschützt vor bösen Tieren und gewärmt, wenn es nachts kalt wurde.

Endlich, nach vielem Suchen standen sie auf einer kleinen grünen Wiese. Ein kleiner grüner Blätterbaum spendete Schatten und ein kleines Bächlein half, den Durst zu löschen.

Die Eltern waren so froh und glücklich, dass sie gar nicht bemerkten, wie traurig Lulu war. Obwohl die grüne Wiese verführerisch duftete und das Wasser glasklar war, hatte Lulu keinen Hunger und keinen Durst. Das Lämmchen lag im Schatten des kleinen Baumes und träumte von seinen Freunden. Wie hatten sie doch gemeinsam getollt und „Böckchen" geschossen! Über den Tränen schlief Lulu ein und im Schlaf war es wieder bei seinen Freunden.

Voller Sorge stellte Lulus Mutter fest, dass ihr Lämmchen immer trauriger wurde. Sie konnte sich gar nicht vorstellen, dass man bei so schmackhaftem Gras und so glasklarem Wasser so traurig sein konnte.

Da hörte sie plötzlich, wie Lulu anfing zu weinen und leise vor sich hinsprach: „Ich möchte zurück zu meinen Freunden!"

Die Mutter erschrak, denn daran hatte sie nicht gedacht. Ihrem Lämmchen Lulu fehlten seine Freunde. Wie konnte sie immer nur an das grüne Gras und das glasklare Wasser denken. Sie machte sich große Vorwürfe und überlegte, wie sie Lulu wieder fröhlich machen konnte.

Da kamen ihr die Wolken zur Hilfe. Wie kleine Wattebäuschchen rückten sie zusammen, und wenn man genau hinschaute, glaubte man tatsächlich, kleine Schäfchen zu sehen, eben Schäfchenwolken.

„Lulu, Lulu!“, rief die Schafmutter, „Komm und schau einmal in den Bach!“ Lulu trippelte ganz langsam heran und schaute ins glasklare Wasser. Es glaubte, seinen Augen nicht zu trauen – so viele Schäfchen! Wo kamen die denn her?

Als Lulu ganz genau ins Wasser schaute, sah es noch ein Schäfchen, ganz dicht vor sich. Wenn Lulu lachte, lachte es auch. Wackelte Lulu mit den Ohren, wackelte es auch mit den Ohren. Das gefiel Lulu und so ganz lang-

sam machte es ihm Spaß. Es fing an zu lachen und wurde wieder fröhlich.

Da Lulu noch sehr klein war, wusste es nicht, dass es sein eigenes Spiegelbild war, welches da lachte und dass die vielen Schäfchen im Wasser eigentlich Wolken waren. Es alberte mit den Schäfchen im Wasser herum und hatte so seinen Spaß.

Die Eltern aber nahm sich fest vor, ganz schnell wieder zur großen grünen Wiese zurückzukehren, damit Lulu wieder zu seinen Freunden kam.

Diese Geschichte von Lulu nennt man auch Fabel. In Fabeln schilderten schon vor vielen Jahrhunderten die Dichter Geschichten von Menschen, die man öffentlich nicht preisgeben wollte. Insbesondere hat man so gern die „hohe Herrschaft" aufs Korn genommen. Bekannt ist die Fabel vom „Storch und Fuchs" und die vom „Fuchs und den Weintrauben". Mit Anmut und Witz erreichte die Fabel im 18. Jahrhundert ihre Blütezeit.

Überlegt nun einmal, was uns die Fabel vom Schäfchen Lulu erzählen möchte.

Das Gänseblümchen-Land

Es war einmal ein Land, ganz weit weg. *Irgendwo*, keiner kannte es. Keiner wusste seinen Namen. Die Bewohner waren fleißige Leute. Aber immer etwas traurig, weil sie ganz weit weg wohnten. *Irgendwo*, keiner kannte sie, und keiner wusste, wie sie hießen. So lebten sie Tag für Tag, Jahr für Jahr und sie wurden immer trauriger.

Eines Tages passierte etwas Ungewöhnliches. Es war ein sehr schöner Tag. Die Sonne schien, sodass die Menschen sogar etwas lächelten. Aber eben nur ein bisschen. An diesem Sonnentag wurde es plötzlich ganz finster. Die Sonne war nicht mehr zu sehen und die Menschen erschraken sehr.

Was passierte da? Ein riesengroßer Schwarm Gänse flog über das Land *Irgendwo*. Er verdunkelte die Sonne und zerriss mit lautem Geschnatter die Stille. Man wollte sich die Ohren zuhalten, so laut war es auf einmal. Die Gänse ließen sich auf den saftig grünen Wiesen nieder und suchten etwas zum Fressen. Sie hatten Hunger von ihrer langen Reise.

Die Menschen staunten, denn so etwas hatte es in ihrem Land noch nicht gegeben. Es dauerte nicht lange, da erholten sich die Gänse wieder. Der Schwarm erhob sich in die Lüfte, verdunkelte noch einmal die Sonne und verschwand ganz langsam in der Ferne.

Die Bewohner des kleinen Landes *Irgendwo* rieben sich die Augen. Hatten sie geträumt? Was war denn da passiert? Man kniff sich gegenseitig in die Arme. Das war alles wirklich geschehen?

Sie betrachteten ihre grünen Wiesen. Wie sahen die denn jetzt aus? Lauter weiße Flecken leuchteten im

Gras! Jede Gans hatte als Dank eine kleine Feder liegen gelassen. Wie weiße Tupfer leuchteten sie in der Sonne. Und da sich die Sonne ebenso wie die Menschen freute, schickte sie gelbe Strahlen hinunter. Jede Feder bekam einen gelben Punkt, plusterte sich auf und sah aus wie eine kleine fedrige Blüte.

„Schaut mal da", riefen die Bewohner, „das sind ja Gänseblümchen." Sie freuten sich über das neue Aussehen ihrer Wiesen so, dass sie ein Fest feierten. Die Musik spielte, man sang und tanzte. Es wurde richtig laut und fröhlich, sodass die Nachbarn um dieses sonst so stille Land neugierig wurden. Sie liefen, radelten oder fuhren, um zu sehen, was dort los war.

Sie staunten nicht schlecht: Grüne Wiesen mit wunderschönen weißen Blümchen, die einen kleinen gelben Sonnenstrahl aufgefangen hatten. Herrlich. Sie freuten sich mit, feierten und erzählten überall die Geschichte von den Gänsen, die als Dank eine Feder im Gras zurückgelassen hatten.

Und siehe da, eines Tages kamen immer öfter und immer mehr Neugierige. Sie wollten diese Wiesen ansehen. So wurden die Bewohner des Landes fröhlich und nannten es „Gänseblümchen-Land".

Und wenn ihr dieses Land auch einmal kennenlernen möchtet, schaut euch beim Spaziergang um. Vielleicht hat auf der Wiese eine Gans aus Dankbarkeit eine Feder liegen gelassen und die Sonne hat mit einem Strahl einen kleinen gelben Punkt gemalt, eben ein Gänseblümchen.

Maryla und die Sommersprossen

„Verflixt, verflixt, verflixt!“ Maryla stand vor dem Spiegel und betrachtete ihr Ebenbild. Da waren sie wieder, diese kleinen hellbraunen Pünktchen. Auf der Nase, auf den Wangen, überall dort, wo sie nicht hingehörten. Die Sommersprossen! Jedes Jahr, fast zur selben Zeit, jedenfalls immer dann, wenn die Sonne fleißiger wurde, konnte Maryla darauf warten. Punkt, Punkt, Punkt – erst auf der Nase, dann auf den Wangen und wenn sie lange im Freien gespielt hatte, auch noch auf der Stirn.

Wie sie das störte! Auch heute, beim Blick in den Spiegel, standen ihr die Tränen nah. Als hätte der Maler mit einem Pinsel gespritzt. Mutti und Vati wussten um das Problem ihrer Tochter und versuchten ebenfalls jedes Jahr, immer dann, wenn die Sonne fleißiger wurde, ihr Töchterchen zu trösten. Vati sang dann mit seiner etwas dunklen Stimme: „Ich bin ja so verschossen in deine Sommersprossen.“ Mutti lächelte dazu und erzählte dann zum x-ten Mal, dass sich der Vati damals auch wegen der Sommersprossen in sie verliebt habe.

Jetzt war der Punkt gekommen, an dem sich Maryla am liebsten die Ohren zugehalten hätte. Das war alles gut und schön, aber die „Dinger“ waren eben fürchterlich! Den Höhepunkt setzte ihr Bruder Konstantin, indem er sie wieder einmal „Pippi Langstrumpf“ nannte. Einige ihrer Klassenkameraden hatten sich das abgehört und nannten sie auch schon so. Es war zum Weinen! Am liebsten würde sich Maryla irgendwohin verkriechen. Und da kam ihr auch schon die Idee:

Am nächsten Morgen lugte Maryla unter der Bettdecke vor und flüsterte mit heiserer Stimme: „Ich kann nicht, ich bin krank.“ Die Mutter dachte, das kann ja mal passieren und verständigte die Lehrerin.

Am nächsten Morgen spielte sich dieselbe Szene wieder ab. Maryla wollte nicht aufstehen. Sie blieb im Bett und das dunkle Zimmer gefiel ihr. Keine Sonne, keine Sommersprossen. Als auch am dritten Morgen nicht ans Aufstehen zu denken war, machte sich Mutter doch ernsthaft Sorgen und rief Doktor Pille an.

Er kannte Maryla schon als Baby und fand vielleicht heraus, was ihr fehlte. Nachdem Doktor Pille Maryla untersucht hatte, konnte er sich ein Schmunzeln nicht verkneifen. Hier lag ein Problem vor, das wohl mit „weiblicher Eitelkeit“ zu tun hatte, denn so ganz nebenbei erzählte Maryla natürlich auch von ihrem Ärger mit den Sommersprossen.

Doktor Pille überlegte nicht lange. Hier musste Abhilfe geschaffen werden. Er verordnete absolute Ruhe. Das bedeutete: kein Fernsehen, kein Radio, keine Bücher und kein Besuch. Maryla erschrak, ließ sich jedoch nichts anmerken. Augenzwinkernd sagte Doktor Pille zur Mutter: „Hier liegt ein schwerer Fall von Sommersprossitis vor. Es hilft nur absolute Ruhe.“

Mutter verstand den versteckten Rat des Doktors und nahm sich vor, den Heilungsprozess tatkräftig zu unterstützen. Klingelte das Telefon, ging sie ran. Maryla brauchte Ruhe. Kamen die Freunde, um nach ihr zu sehen, schickte sie diese mit großem Bedauern wieder weg. So ging es zwei Tage. Maryla langweilte sich so sehr, dass sie sogar vergaß, in den Spiegel zu schauen.

Nach einer Woche hielt sie es nicht mehr aus. Recht wackelig auf den Beinen zog sie sich an und ging vors Haus. Endlich wieder Licht, endlich wieder Sonne! Tat das gut, und sie ging langsam zum Spielplatz. Da waren alle ihre Freunde: „Hallo Maryla, schön, dass du wieder gesund bist. Bist du aber blass, mit deinen Sommersprossen gefällst du uns viel besser! Sie gehören doch zu dir!"

Maryla war glücklich. Stimmt ja eigentlich auch. Pippi Langstrumpf war beliebt. Papa hatte sich in Mamas Sommersprossen verliebt. Und wenn diese jemanden störten, dann war er es nicht wert, Freund genannt zu werden. Dachte sie, lachte und setzte sich zu den Mädchen.

Etwas schüchtern kam nun auch Paul aus der Parallelklasse zu der Gruppe. „Hallo Maryla, ich hörte, dass du krank warst. Mach bloß, dass du wieder in die Sonne kommst. Dabei lachte er so fröhlich, dass in seinem Gesicht die Sommersprossen tanzten.

Der „Guten-Morgen-Spatz“

Tom rekelte und streckte sich in seinem warmen Bett. Ach, war das schön! Endlich Sonntag und er konnte länger schlafen. Dachte er und drehte sich vergnüglich noch einmal um. Nur sollte dieses Vergnügen nicht lange dauern.

Da war es wieder! Klopf, klopf – irgendetwas, irgendjemand klopfte gleichmäßig an die Scheibe. Tom stöhnte: „Nein, nicht schon wieder!“

Jeden Morgen um die gleiche Zeit wurde er von diesem Klopfen geweckt. Stand er auf, um nachzusehen, war das Geräusch verstummt. So auch heute. Er hatte sich so aufs Ausschlafen gefreut.

Wie zum Trotz legte er sich noch einmal ins warme Bett und versuchte, weiter zu schlafen. Da begann es wieder: Klopf, klopf, klopf. Wütend und enttäuscht stand Tom auf. Das war wohl nichts mit Ausschlafen. Auch am Sonntag wurde er unfreiwillig aus dem Bett geworfen. Wenn er doch bloß herausbekäme, woher dieses Geräusch kam.

Am Montagmorgen, der Himmel war Wolken verhangen, schlief Tom tief und fest. Er hatte gestern zu lange vor dem Fernseher gehockt. Der Körper forderte sein Recht. So träumte Tom noch von fernen Ländern, als er eigentlich schon den Wecker hören sollte. Der rasselte wie jeden Morgen, aber Tom hörte es nicht.

Nach einer Weile, der Traum war wohl etwas zu gruselig geworden, schreckte Tom auf. Was, was war das? Wie spät war es?

Ein Blick zur Uhr verriet, dass er verschlafen hatte. Jetzt musste er sich sputen, um noch zum Bus zu kommen. Aber, warum war er eigentlich doch noch aufgewacht, ja aufgeschreckt?

Langsam erinnerte er sich. Da war doch dieses Klopfen am Fenster ... Und wie er sich beeilte, fing es wieder an: Klopf, klopf. Tom drehte sich langsam um und entdeckte ... einen kleinen Spatz.

Mit seinem Schnabel klopfte er immer wieder an die Scheibe. Er glaubte wohl, die Blumen auf der Fensterbank erwischen zu können. Tom lachte und sagte laut:

„Eigentlich müsste ich dir ja ganz doll böse sein. Aber heute hast du mich geweckt und ich bekomme noch meinen Bus. Danke, du Guten-Morgen-Spatz“.

Pola, die Langeweile und die Elfen

Es war einmal ein Kinderzimmer. Das Zimmer gehörte Pola. Pola war ein Mädchen, das den lieben langen Tag nur eines mochte: sich langweilen. Es war am frühen Morgen, Pola öffnete die Augen und dachte: „Ist das langweilig, Augen öffnen, Bettdecke weg und schon wieder aufstehen!“

Im Kinderzimmer sah es dementsprechend aus. Hose hier, Bluse da, die Strümpfe lagen verteilt unterm Bett, überm Stuhl ... Es war langweilig, alles dorthin zu räumen, wo es eigentlich seinen Platz hatte. In den Schrank nämlich. Der stöhnte schon heimlich und ließ die Türen quietschen, wenn Pola diese überhaupt einmal schloss.

Pola störte das Chaos im Kinderzimmer nicht. Es war eben langweilig aufzuräumen. Eines Tages aber hatte Polas Mutter eine Idee. Sie ärgerte sich ebenfalls über die Unordnung im Kinderzimmer. Da alles Reden nichts half, wollte sie dem Mädchen die Langeweile mit einer List abgewöhnen.

Eines fand Pola nämlich überhaupt nicht langweilig: die Beschäftigung mit Tieren. Sie liebte Katzen und träumte schon lange von einem Schmusekater. Bisher hatte es nie geklappt, denn die Eltern gingen beide aus dem Haus und Mutter war sich nicht sicher, ob Pola es nicht irgendwann zu langweilig finden würde, den Kater zu füttern.

Nun aber wollte sie Pola ein wenig neugierig machen und bei einem Blick ins Kinderzimmer sprach sie laut vor sich hin: „Ja, liebe Elfen, in diesem Zimmer würdet ihr euch wohl genauso unwohl fühlen wie ein kleiner Kater!" Sprach's und verschloss langsam die Tür, nicht ohne einen Blick in Polas Richtung zu werfen. Hatte diese ihre Worte gehört oder langweilte sie sich schon wieder?

Da sah sie, wie Pola sich umdrehte und rufen wollte. Mutter schloss nun endgültig die Tür und wartete. Es dauerte nicht lange, da sah Pola durch den geöffneten Türspalt und fragte neugierig: „Elfen, Mutti? Welche Elfen meinst du?"

Ab und an hatte sie von den unsichtbaren Helfern gehört, die im Märchen erschienen, Gutes taten und, na ja, auch manchmal Kindern, die sich langweilten, halfen.

Hatte Mutti etwa diese Elfen getroffen? Jetzt hielt sie nichts mehr. Sie wollte es wissen: Alle Langeweile war verschwunden und sie bat Mutter, die Geschichte von Anfang an zu erzählen. Mutter freute sich heimlich. Hatten ihre Worte doch Wirkung gezeigt. Und sie erzählte Pola die Geschichte von den zwei Elfen. Sie hießen Ora und Sara, eigentlich Ordnung und Sauberkeit. Diese beiden flogen, für Menschen unsichtbar, durch Städte, Dörfer, Häuser und eben auch durch Kinderzimmer. Fanden sie überall Ordnung und Sauberkeit konnten die Menschen ihnen im Traum begegnen und sich etwas wünschen.

Pola hatte sehr gut zugehört, und da sie sich sehnlich einen Kater wünschte, nahm sie sich vor, für Ora und Sara ihre Langeweile abzulegen. Sie begann, den Schrank einzuräumen. Die Türen quietschten diesmal vor Freude als sie geschlossen wurden. Ihre Sachen kamen in die Waschmaschine und ihr Spielzeug landete im Regal. Als Pola auf die Uhr sah, war es Mittag. „Waaas, schon so spät?“ Sie hatte nicht ein bisschen Langeweile gehabt.

Toll, und wenn sie ihr Zimmer betrachtete, war jetzt sogar Platz für ein Katzenkörbchen. Vor Freude und Müdigkeit schlief Pola ein und sie träumte von ihrem Kater Timmi, und zwei Elfen, fast unsichtbar und mit zwei kleinen Flügeln auf dem Rücken, die flogen durch ihr Zimmer.

Als Pola erwachte, rieb sie sich die Augen. Hatte sie jetzt wirklich von Ora und Sara geträumt? Sie nahm sich vor, künftig gegen die Langeweile etwas zu tun. Mutter sah die Veränderung mit Wohlwollen, und da bei der Nachbarin junge Kätzchen auf ein neues Zuhause warteten, entschloss sie sich, Pola mit einem Kater zu überraschen.

Pola freute sich natürlich riesig und sie begann, Kater Timmi mit viel Sorgfalt zu erziehen. Das Zimmer war immer ordentlich und sauber. Schließlich spielte und tollte Kater Timmi tüchtig herum und sorgte für Unordnung, aber das wäre dann schon wieder eine andere Geschichte ...

Der Streifen-Streit

Es trafen sich in einem Zoo das Zebra, die Biene und ein Skalar. Das ist ein kleiner Fisch. Alle drei rühmten sich ihrer tollen Streifen.

Die Biene summte stolz, dass sie mit ihrem gelb gestreiften Kleid so prima zu den Blüten der Blumen und Bäumen passen würde. Sie könne alle fliegend erreichen und wäre so den beiden anderen überlegen.

Das Zebra schüttelte mit dem Kopf und wieherte: „Gib nicht so an! Nach meinen Streifen haben die Menschen einen Schutzübergang für die Fußgänger auf der Straße benannt. Der Zebrastreifen ist also viel wichtiger als so eine summende Streifenbiene." Da seufzte etwas traurig der Skalar: „Ich bin ein Fisch, kann schwimmen, mache im Aquarium den Menschen Freude nur beim Hingucken und mein Streifenkleid leuchtet ganz weit. Aber ob ich wichtig bin, weiß ich nicht!"

Da kam der weise Uhu daher und mischte sich in den Streit um die Streifen ein: „Hört auf zu streiten. Du, kleine Biene, kannst fliegen, die Menschen lieben dich wegen deines Honigs. Das Zebra kann dem Wind Paroli bieten, denn es ist sehr schnell beim Laufen. Ja, und du, lieber Fisch, erfreust das Auge der Menschen im Aquarium und kannst schwimmen. Die Biene würde im Wasser ertrinken und das Zebra käme auch nicht weit.

Ihr seht, jeder hat seine Bedeutung und kann in seiner Umgebung etwas leisten. Ich sage euch: Es ist die Moral von der Geschicht' – das Können machts, das Aussehen nicht!"

Vom Jungen, der nichts sagen wollte

Mica ist ein Junge, eigentlich ein ganz netter. Aber seit einiger Zeit ist er etwas anders als die anderen Kinder. Er spricht nicht gern. Er will einfach nichts sagen.

Nicht, dass Mica stumm wäre. Nein, überhaupt nicht. Er kann genauso reden wie alle anderen. Aber er möchte nicht. Für seine Schulfreunde ist das gar nicht so einfach. Auf alle Fragen schüttelt Mica den Kopf oder zuckt mit den Schultern und ... schweigt.

Warum er so schweigsam geworden ist, hat er niemandem verraten. So vergingen Tage und Wochen. Mica wollte einfach nicht sprechen.

Seine schriftlichen Schularbeiten machte er korrekt, im Sport war er der Schnellste, im Schulgarten der Eifrigste. Doch sollte er an die Tafel kommen, schüttelte er mit dem Kopf, zuckte mit den Schultern und sprach kein Wort.

Eine Zeit lang schaute die Lehrerin sich das an, denn sie wusste, dass Mica ein guter Schüler war. Auch sie fragte sich deshalb immer öfter, warum Mica so stumm ist. Nun überlegte sie, wie man Mica helfen könnte.

Eines Tages gab es eine Überraschung. Wieder einmal sollte Mica eine Frage beantworten. Doch er schüttelte erneut den Kopf, zuckte mit den Schultern und blieb stumm. Es war eine Unterrichtsstunde, fast wie immer, wenn da nicht plötzlich jemand an die Tür geklopft hätte. Die Lehrerin schaute erstaunt auf die Uhr: „Wer konnte das sein?“

Sie öffnete und herein kam die Direktorin mit einem Herrn. „Hallo und guten Tag, liebe Kinder. Ich habe euch jemanden mitgebracht, den Herrn Doktor Knolle, unseren Kinder- und Jugendzahnarzt. Er möchte heute gemeinsam mit euch über die Zahnhygiene sprechen und wie auch ihr darauf achten könnt, dass eure Zähne später einmal ganz gerade wachsen.“ Sprach's und verließ das Klassenzimmer.

Die Kinder waren so überrascht und aufgeregt, dass keines von ihnen merkte, wie Mica hinter seinem Tisch immer kleiner wurde. Doktor Knolle war sehr nett. Da er täglich mit Kindern zu tun hatte wusste er, welche Angst sie vor dem Zahnarztstuhl hatten. Da, auf einmal, entdeckte er Mica, der inzwischen schon fast unter dem Tisch gelandet war.

„Na, na, junger Mann, so schlimm wird es doch heute nicht, dass du dich jetzt schon versteckst. Komm und setz dich!“ Mica setzte sich langsam auf den Stuhl und schaute etwas verlegen zu Doktor Knolle. „Ja, kennen wir uns nicht? Du bist doch öfter bei mir in der Praxis.“

Die Kinder wurden still, denn was sie da hörten, war für sie neu: Mica musste ständig zum Zahnarzt? Der Ärmste! Da erklärte Doktor Knolle bereits, warum Mica seit einigen Monaten sein kleiner Patient sei. Er hatte eine Zahnspange erhalten, damit seine Zähne in die richtige Stellung gebracht würden. Regelmäßig wurde diese Spange nachgestellt, sodass Mica nach einem längeren Zeitraum ein tadelloses Gebiss bekommen würde. Einen kleinen Nachteil hatte die Spange allerdings: Man konnte mit ihr nicht mehr so gut und deutlich sprechen.

Was hörten die Kinder da? War die Spange etwa der Grund für Micas Schweigen? Sie redeten alle durcheinander auf Mica ein: „Stimmt das?" – „Hast du dich geschämt?" – „Hast du dich nicht getraut?" Die Lehrerin gebot Ruhe: „Nun lasst doch den Mica selbst erzählen!"

Mica zögerte. Sollte er oder sollte er nicht? Eigentlich hatten sie ja recht. Er hätte es ihnen erzählen können, aber er hat sich nicht getraut. Er fürchtete, dass sie ihn auslachen würden und hatte sich vorgenommen, deshalb lieber nichts zu sagen.

„Na, Mica", ermunterte ihn die Lehrerin: „Was ist?" Mica fasste sich ein Herz, schüttelte nicht mit dem Kopf, zuckte nicht mit den Schultern und wollte jetzt endlich sprechen. So erzählte er die Geschichte von seiner Zahnspange.

Die Zopf-Suse

Suse war wütend, sehr wütend. Jeden Tag, wirklich jeden Tag zog irgendwer irgendwie an ihren Zöpfen herum. Kein Mädchen hatte Zöpfe, außer Suse. Und das auch nur, weil ihre Mutter kein Geld für den Friseur hatte. Wie sagte sie immer: „Du bist etwas Besonderes, Suse, eben eine Zopf-Suse. Schau in den Spiegel, bist doch die Schönste. Die anderen Mädchen sind nur neidisch." Sie strich ihr dabei über den Kopf und drehte die Zöpfe zu einer Schnecke.

„Ich will aber keine Zöpfe", weinte Suse. „Ständig zupft irgendwer an ihnen herum." Die Mutter ließ es sein. Es hatte keinen Zweck. Suse war eben in einem Alter, in dem nur schick war, was die anderen trugen, was sie anhatten, wie sie sich frisierten. Da hatte nun mal keines der Mädchen Zöpfe. Sie fuhr zur Arbeit und Suse ging schweren Herzens zur Schule.

Eines Tages aber veränderte sich Suses Zopfwut auf einen Schlag. Die Klasse bekam Besuch. Ein Fernsehteam, verriet der Klassenlehrer geheimnisvoll. Wie waren sie alle aufgeregt und Suses Zöpfe wippten vor Aufregung mit.

Endlich öffnete sich die Tür und zwei Frauen kamen herein. Frau Mix und Frau Mux vom Kinderkanal. Und sie lüfteten auch gleich das Geheimnis. Sie suchten in Suses Alter ein Mädchen mit ... Na, könnt ihr es euch denken? Richtig, ein Mädchen mit langen Zöpfen.

Der Blick von Frau Mix und Frau Mux fiel auch gleich auf Suse. „Das gibt es doch nicht!", rief Frau Mix erfreut aus, „schauen Sie Frau Mux, es gibt tatsächlich noch ein Mädchen mit Zöpfen!" Während die beiden

Frauen zielstrebig zu Suses Platz gingen, guckten die anderen Mädchen ganz enttäuscht und traurig.

Ausgerechnet Suse! Die mit ihren unmodernen Zöpfen! Da lachen doch die Hühner! Neid machte sich breit, und während Suse von Frau Mix und Frau Mux zu einem Fototermin ins Studio eingeladen wurde, zupften sich die anderen Mädchen an ihren modernen Kurzfrisuren.

Suse aber strahlte und nahm sich fest vor, wenn sie nach Hause kam, bekam Mutti erst einmal einen dicken Schmatz.

Der Nein-sage-Peter

Könnt ihr euch vorstellen, dass es jemanden gibt, der immer nur „Nein“ sagt? Das geht doch gar nicht. Immer „Nein“ sagen. Aber ich habe einen Jungen kennengelernt, den alle Leute nur den „Nein-sage-Peter“ nannten. Ich war so überrascht, dass ich vergessen habe, ihn zu fragen, wie er richtig heißt. Aber vielleicht hätte er auf meine Frage „Wie heißt du denn?“ auch mit „Nein, das sage ich nicht“ geantwortet.

Es vergingen Tage und Wochen, da sah man den Jungen nur noch alleine spielen. Was war da passiert? Der „Nein-sage-Peter“ hatte zu oft „Nein“ gesagt. Es ging am Morgen los, wenn der Wecker klingelte. Nein, ich stehe nicht auf und nein, ich ziehe mich nicht an. Die Mutti war verzweifelt. Jeden Tag dasselbe und die Kindergärtnerin ermahnte den Jungen schon, weil er immer zu spät kam. Nein, er wollte nicht frühstücken und mit den anderen spielen. Er saß allein in einer Ecke und irgendwann fand er alles langweilig.

Die Kinder fragten ihn nicht mehr. Die Kindergärtnerin überlegte und überlegte, wie sie dem „Nein-sage-Peter“ helfen könnte. Da kam ihr eine Idee und die teilte sie der Mutti mit.

Die war einverstanden, und so passierte Folgendes: Die großen Kinder, zu denen der Junge gehörte, durften einmal über Nacht im Kindergarten bleiben. Sie brachten ihre Luftmatratzen mit. Die Kindergärtnerin bereitete mithilfe der Eltern das Abendbrot vor und ein Vater sorgte für Musik. Alle Kinder wussten davon, nur einer nicht. Richtig, der „Nein-sage-Peter“. Seine Mutti hatte nichts verraten und keiner hat gefragt, ob er mitmachen wollte. Er würde ja sowieso wieder „Nein“ sagen, meinten die Kinder.

Als Peter am nächsten Tag in den Kindergarten kam, staunet er, dass seine Gruppe bereits vollzählig da war. Sie frühstückten schon. Die Kinder merkten, dass Peter etwas ratlos schaute, tauschten Blicke aus und begannen, vom letzten Abend und der Nacht zu erzählen. Peters Gesicht wurde immer trauriger. „Und warum habe ich das nicht gewusst?“, fragte er ganz leise.

Die Kinder hielten inne und begannen alle durcheinanderzureden. „Du sagst immer Nein.“ – „Du spielst nicht mehr mit.“ – „Du verdirbst uns damit die Laune.“ Peter war erschrocken. Das war ihm so gar nicht bewusst. Er wollte eben nicht. Aber wenn er das jetzt so hörte ...

Als ihn abends die Mutti abholte, sah sie schon von Weitem, dass es ihrem Peter nicht gut ging. Während die anderen Kinder immer noch laut und fröhlich vom Erlebten schwärmten, kullerten Peter ein paar Tränen übers Gesicht. „Mama, hast du davon gewusst?“

Die Mama war jetzt auch dabei, ein schlechtes Gewissen zu bekommen. Hatte sie richtig entschieden? War es zu hart gewesen, ihm nichts zu verraten? Vielleicht hätte er doch „Ja“ gesagt. Aber nun war es zu spät. Langsam fing sie an, ihm von einem Jungen zu erzählen, der zu allem „Nein“ sagte. Peter wusste sofort, dass er dieser Junge war.

Als Mama dann am Ende der Geschichte war, gab er ihr im Inneren recht. So dumm war es also bei den anderen angekommen? Er fiel der Mama um den Hals, und ratet einmal, was er sich in Zukunft vorgenommen hat?

Winni, der Wackelzahn

Liane war furchtbar aufgeregt. Sie hatte seit heute Morgen einen Wackelzahn. Endlich, endlich! Ihre Freundin Miri hatte schon eine große Zahnlücke. Zwei Zähne lagen sorgfältig gereinigt in einem eigens für diese hergestellten Kästchen. Stolz hatte sie ihr diesen kleinen Schatz gezeigt. „Mutti hat gesagt, die bleiben dort liegen, bis ich mal ganz erwachsen bin“, schwärmte Miri.

Liane hatte aufmerksam zugehört und wurde ein bisschen traurig. Sie hätte auch gern ein Kästchen mit „Wackelzähnen“ zu Hause, erzählte sie der Mutter. Eine Träne kullerte dabei über ihre Wange. Mutti musste sich ein Lächeln verkneifen und versuchte zu trösten: „Du hast so schöne Zähne. Die beißen noch jede Möhre und jeden Apfel. Denke doch, wie gern du Nüsse isst.“

Liane überlegte kurz und lächelte. Mutti hatte recht. Aber so ganz im Geheimen sah sie immer die schöne kleine Kiste von Miri. Aber was soll es. Irgendwann würde sie auch Wackelzähne haben. Dann war sie ein großes Mädchen, welches sich auf die Schule freute.

Und nun, Liane hatte diese Geschichte nicht vergessen, wackelte tatsächlich auch bei ihr ein Zahn. Sie wollte das Brötchen noch aufessen, da gab es einen kleinen Ruck im Mund. Erschrocken hielt sie inne, und vorsichtig versuchte sie, mit den Fingern an den Zähnen zu rütteln. Da, ja da war er! In der Mitte der unteren Zahnreihe wackelte etwas. Schnell lief sie zum Spiegel. Jetzt sah sie es auch. „Winni“ nannte sie ihren ersten Wackelzahn. Sie kippte ihn nach vorn und schob ihn zurück. Es tat gar nicht weh. „Mutti, Mutti, ich habe einen Wackelzahn. Da, schau, Winni kippelt schon ganz doll.“ „Winni?“, fragte

die Mutter erstaunt, wusste aber dann beim Anblick ihrer Kleinen sofort, was oder wer gemeint war.

Nun war also der große Tag da. Wie versprochen fuhr sie mit Liane in die Stadt und holte in der Drogerie für Winni ein Kästchen. Schön bunt und Liane strahlte. In ein paar Tagen konnte sie ihren Wackel-Winni vielleicht schon hineinlegen. Mutter schmunzelte, denn seit Wochen ging es um nichts anderes mehr. Täglich kam Liane aus dem Kindergarten, um zu berichten, dass schon wieder eines der Kinder einen Wackelzahn hatte.

Nach drei Tagen war es dann so weit. Liane hatte den Wackelzahn so oft mit der Zunge oder mit dem Finger hin- und hergeschoben, bis er nun in ihrer Hand lag. Mutti reinigte ihn, und er kam ins Kästchen. Liane schlief jetzt besonders gut und im Traum wackelte schon der nächste Wackelzahn.

Am Sonntag aber kamen ihre Freundinnen zu Kaffee und Kuchen. Mutti spendierte eine Wackelzahn-Party und das Tollste war das Foto. Alle lachten und zeigten ihre Zahnlücken. Winni aber lag, gut verpackt in der Erinnerungsschublade. „Für später“, sagte Mutti geheimnisvoll. Was sie damit wohl meinte?

Der Umzug

Ups! Da hätte Marica doch fast verschlafen. Erschrocken schaute sie auf den Wecker. Wieso klingelte der denn heute? Schlaftrunken fiel ihr ein, dass heute der erste Ferientag war. Ihr Blick fiel noch einmal auf die Uhr. Es war um sieben. Das kann doch nicht sein. War dieses Prachtstück etwa kaputt? Wäre das schade. Dieser Wecker weckte sie mit einem „Kikeriki". Der Hahnruf sollte sie an Omas Gockelhahn Hansi erinnern. Bekommen hatte sie ihn, als sie in die Stadt gezogen waren.

Jetzt war sie tatsächlich fast ins Träumen gekommen. Aber da ertönte schon Muttis Stimme: „Marica, aufstehen! Wir wollen doch weg!"

Richtig, Mutti hatte gestern so geheimnisvoll getan von wegen Fahrt ins Blaue. Nichts wurde dabei verraten. Marica war plötzlich putzmunter, und als sie mit ihrem „Badritual", wie Mutti es nannte, fertig war, saßen die Eltern schon am Frühstückstisch.

Aber irgendwie stiller als sonst. Überhaupt waren sie in den letzten Wochen noch öfter weg und ständig müde. Auch jetzt machten sie nicht gerade einen ausgeschlafenen Eindruck. Na ja, dachte Marica, sie haben wieder einmal viel Arbeit gehabt.

„Träum nicht schon wieder", mahnte die Mutti, „auf geht es!" Marica kam aus dem Wundern nicht heraus. Was ist bloß heute los? Sie schnallte sich im Auto an und nahm sich vor, nichts zu fragen. Es war ja eine Fahrt ins Blaue.

Die ersten Kilometer aus der Stadt brachten nichts Unbekanntes. Doch das blieb auch weiter so. Die Strecke kannte sie doch! Kilometer für Kilometer näherten sie sich Omas Heimatdorf. Enttäuschung machte sich breit. Deshalb musste sie so zeitig aus dem Bett?

Mutti hatte im Rückspiegel die Gesichtszüge ihrer Tochter beobachtet. Würden da noch Tränen kullern? Sie sprach ein paar tröstende Worte: „Sei nicht enttäuscht. Warte ab, du wirst dich bestimmt freuen." Ha, ha, dachte Marica, da hat sich Mutti wohl geirrt.

Inzwischen waren sie am Hof der Großmutter angelangt. Aber was war das? Die Einfahrt war gepflastert, die Fenster neu, und das Haus leuchtete in neuem Putz. Marica kam aus dem Staunen nicht heraus. Oma hatte alles neu machen lassen.

„Na, was sagst du jetzt", fragte Mutti. Marica war sprachlos. Sie stieg langsam aus dem Auto und konnte sich gar nicht sattsehen. Und was war hier? Ein himmelblauer Swimming-Pool wartete nur darauf, eingeweiht zu werden.

„Die Fahrt ins Blaue!", rief sie erfreut aus und fiel den Eltern um den Hals. Nun kam auch Oma aus dem Haus. „Kommt rein, der Kuchen ist fertig!"

Marica lief ohne zu zögern Richtung Küche. Fast wäre sie gestürzt, so schnell musste sie stoppen. Die Tür in der Hand sah sie ein schickes Bad mit einer wunderschönen Badewanne. „Mutti, Vati, Oma, was ist hier los? Ich weiß ja gar nicht mehr, wo was ist!"

Da konnten sich die drei das Lachen nicht mehr verkneifen. „Na, dann komm mal mit. Wir werden dich führen." Vati nahm sie an die Hand und spielte einen Reiseleiter: „Hier sehen Sie die Küche, den Wohnraum, das Kinderzimmer und ..." Ehe er weiter reden konnte, platzte Marica dazwischen: „Ist das alles für uns?"

„Ja, meine Kleine, wir ziehen wieder zur Oma. Sie wohnt gleich nebenan. Wir haben ihr die leeren Räume ausgebaut. Sie ist überglücklich, dass sie nicht mehr alleine ist."

Marica musste sich erst einmal setzen: „Deshalb habt ihr euren Urlaub genommen!" – „Richtig, in dieser Woche kommt der Umzugswagen. Du bleibst in deiner Schule, das ist doch klar. Die lange Autofahrt mit den vielen Ampeln fällt endlich weg."

Daran hatte Marica vor lauter Aufregung noch gar nicht gedacht. Stimmt, Mutti nahm sie mit und gleich am Stadtrand war ihre Schule. Da wurde sie plötzlich ganz still. „Was ist los, Marica? Du bist ja so still." Marica fragte ganz leise: „Und was ist mit den Ampel-Geschichten?" Mutti schmunzelte: „Nächste Woche hat der Verlag das Buch fertig und dann komme ich einmal im Monat zu euch in den Hort und lese deine/unsere Ampel-Geschichten.

Was für ein toller neuer Anfang, dachte Marica und genoss Omas „Kinderkuchen".